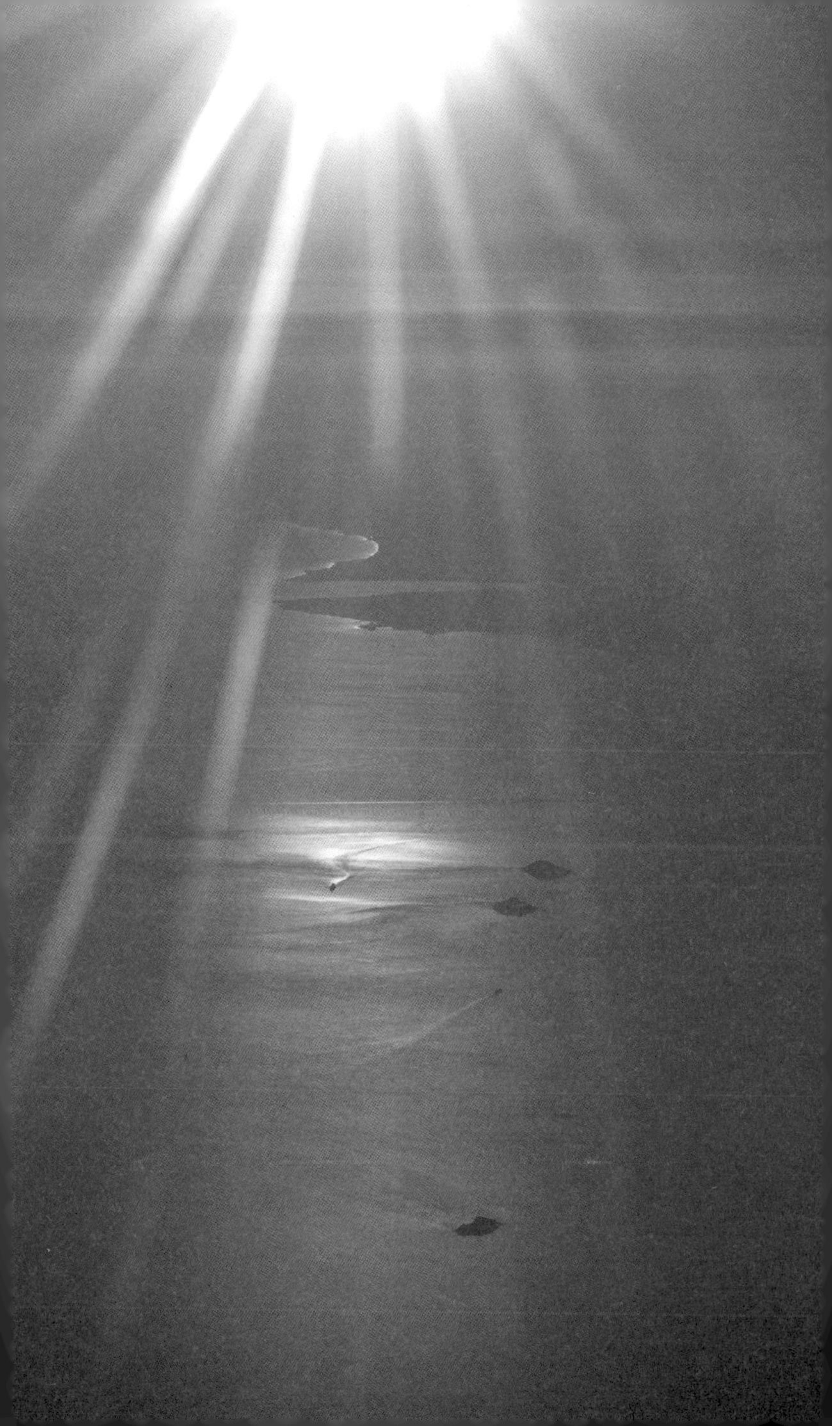

나의   조지아   딸

시 양재현

사진 마쇼 켈라슈빌리

ჩემი ქართველი შვილი

버터북스

პოეზია მე მწერს

시가 나를 쓴다

차례

회사가 15층에 살고 있다 18

무위자연 22

시간과 지금 26

조지아 딸 28

하루 34

바람개비 소년 38

풀잎의 열반 42

진달래꽃 46

감각의 서정 54

생각 밖 투명한 나 62

달을 쏘다 66

모나코 2019 68

가을이다 72

여느 행복한 날 74

상상 우주 80

편지 84

수능을 100일 앞둔 아들에게 92

바다에 가면 98

사랑이 사랑에게 102

올모스트 메인 2019 106

애월연가 112

출애월기 116

꿈 120

그해 그 겨울 124

원스 인 어 블루문 130

가을 호수 134

여름이 되어 138

장밋빛 순간 2019 142

강변에서 146

밤눈 150

소 무의도 2019 156

내 안의 우주 162

마인드 게임 1Q86 168

사랑이 떠오를 때 182

이른 산수유 186

나는 나 190

달빛 소리 198

그저 여기에서 200

오후 4시 206

아침 생각 208

끝은 시작 212

고독이 필 때 216

형상과 본질 222

언제까지나 228

바람과 햇살과 6월 234

그네가 있는 바다 풍경 238

기차역 242

바람의 언덕 2019 246

마지막 가을 256

컬러 마이 월드 262

도쿄, 2013 여름 268

하늘, 구름, 햇살, 강물, 바람, 나무 그리고
      Oneness 270

아즈라엘에게 274

시를 쓸 때 282

추천의 글

두 개의 삶, 하나의 이야기 이충현 290

선명하고 감각적인 암호 신진호 294

섬세한 시선이 빚은 따뜻한 세계 루수단 아브라미제 304

진동하듯 읽다 나나 구르게니제 308

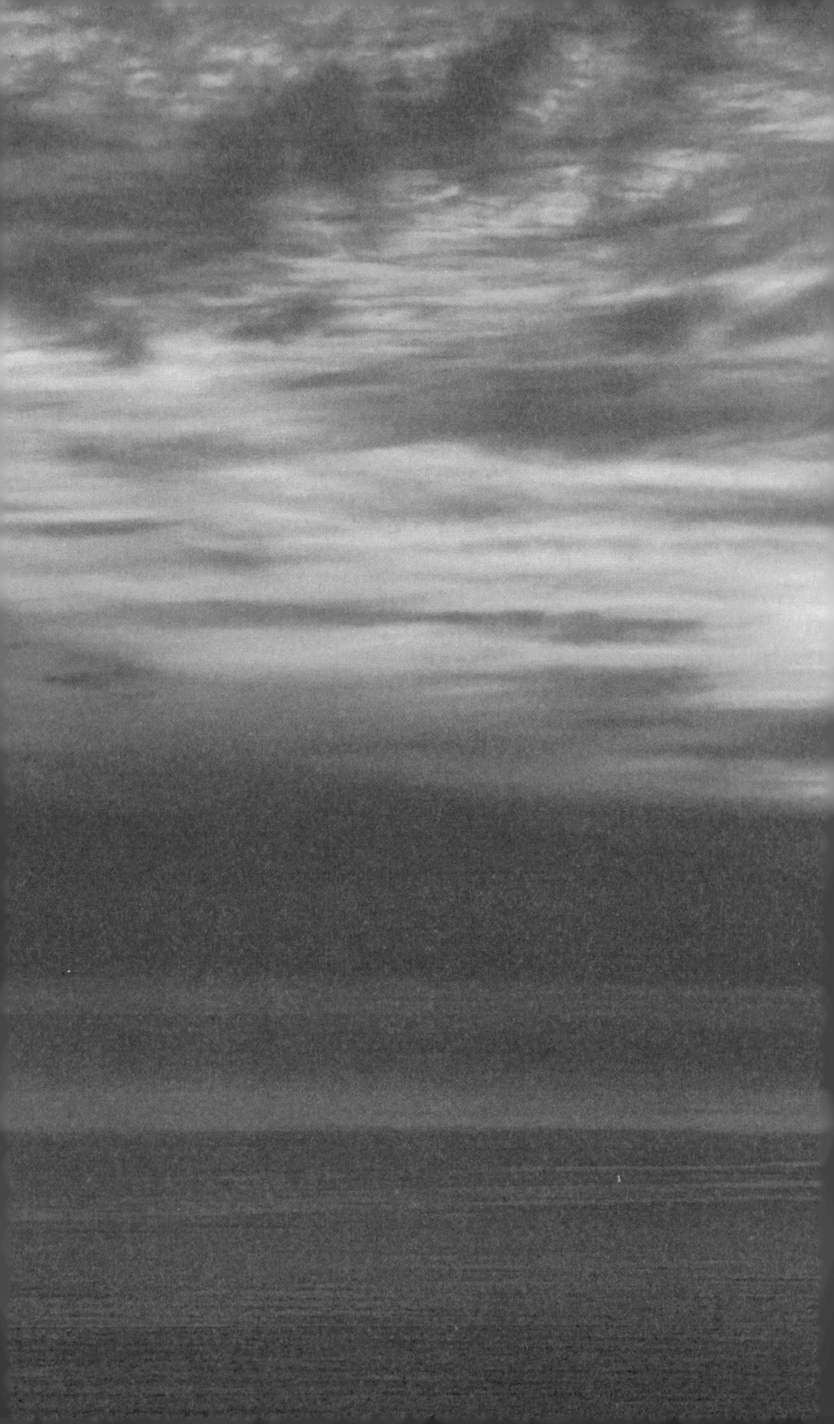

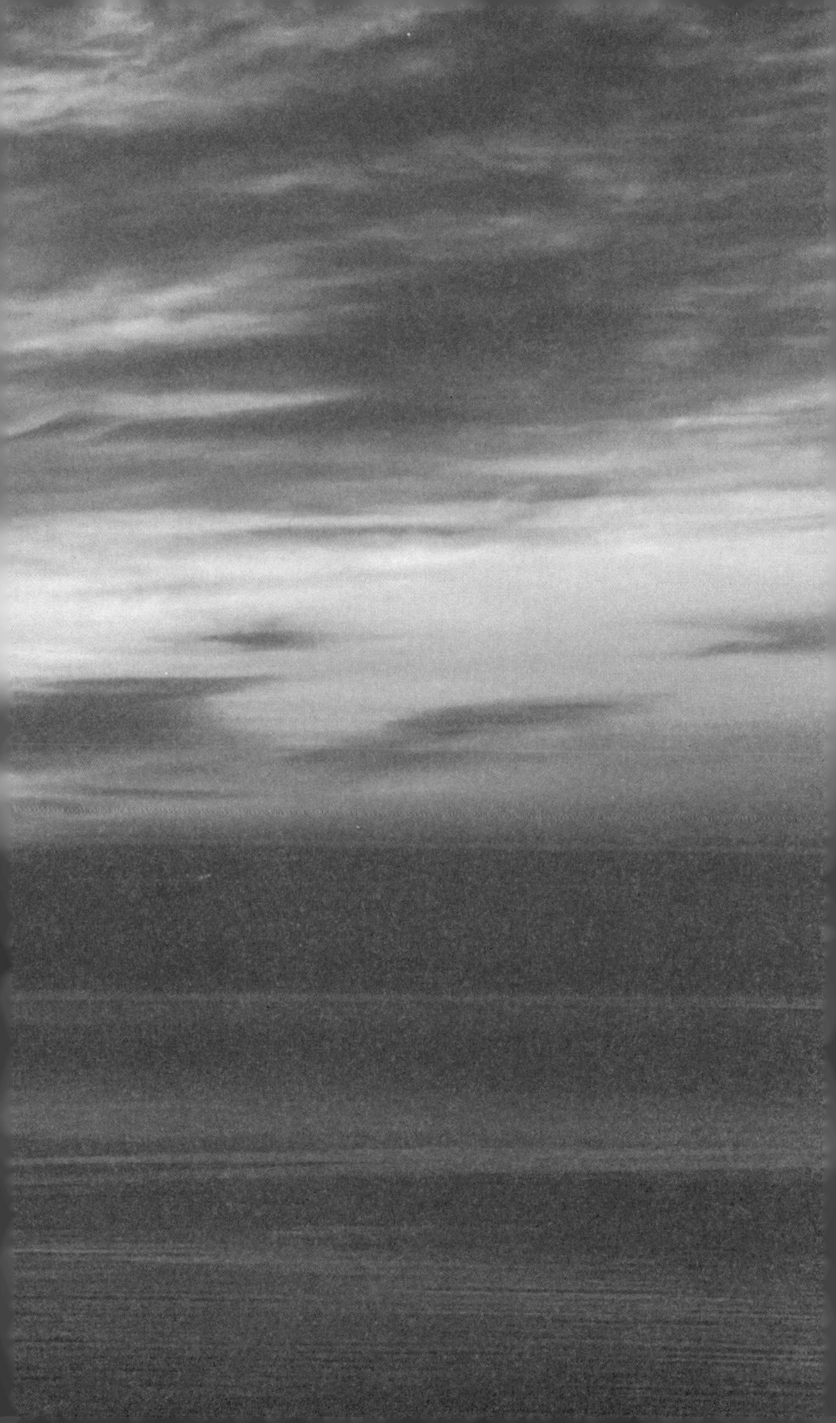

나의 조지아 딸

ჩემი ქართველი შვილი

회사가 15층에 살고 있다

우리 회사는 15층이다
유리벽 너머 오가는 사람들을 본다
나무와 거리와 자전거들이 보인다
그들은 나를 볼 수 없지
내 몸은 50미터 상공에 있으니까

우리 회사는 15층이다
유리벽 너머 옆 건물 사람들을 본다
책상과 서류, 노트북들이 보인다
그들은 나를 보지 않지
그들도 50미터 상공에 있으면서

우리 회사는 15층이다
유리벽 너머 해 질 녘 창공을 본다
새들과 구름, 흰 비행기가 보인다
그들도 나를 보았을까?
내 몸도 50미터 상공에 있으니까

კომპანია მე-15 სართულზე ცხოვრობს

ჩვენი კომპანია მე-15 სართულზეა
შუშის კედლის მიღმა გამვლელ ხალხს ვუყურებ
ხეებს ქუჩებს ველოსიპედებს ვხედავ
ისინი ვერ მხედავენ
რადგან ჩემი სხეული 50 მეტრის სიმაღლეზეა

ჩვენი კომპანია მე-15 სართულზეა
შუშის კედლის მიღმა გვერდით შენობაში მყოფებს
ვუყურებ
მაგიდები ლეპტოპები ჩანს
ისინი არ მიყურებენ
თუმცა ისინიც 50 მეტრის სიმაღლეზე არიან

ჩვენი კომპანია მე-15 სართულზეა
შუშის კედლის მიღმა ჩამავალი მზის ცას ვუყურებ
ჩიტები ღრუბლები და თეთრი თვითმფრინავები
მოჩანს
ნეტავ მათაც დამინახეს?
ჩემი სხეულიც ხომ 50 მეტრის სიმაღლეზეა

회사가 15층에 살고 있다
회사가 15층에 살고 있다

회사가 15층에
회사가 15층에
살고 있다

კომპანია მე-15 სართულზე ცხოვრობს
კომპანია მე-15 სართულზე ცხოვრობს

კომპანია მე-15 სართულზე...
კომპანია მე-15 სართულზე...
ცხოვრობს

무위자연

아무것도
행하지 않고

아무런
판단도 없이

홀로
숨결을 바라본다

무엇이
보이는지

무엇이
달라지는지

대답이
의미를 내려놓고

უმოქმედო ბუნება

არანაირი
მოქმედება

ყოველგვარი
განსჯის გარეშე

მარტოდ
სუნთქვას ვაკვირდები

რა არის
რაც ჩანს

რა არის
რაც იცვლება

პასუხი
მნიშვნელობას თმობს

존재가
바람이 될 때

이것이
무위이고

저것이
자연인가

우주는
비어 있고

사물은
구름 되어

나는
춤을 춘다

როდესაც ყოფა
ქარად იქცევა

ეს არის
უმოქმედობა

და ის
ბუნება?

სამყარო
ცარიელია და

საგნები
ღრუბლებად იქცევიან

მე
ვცეკვავ

시간과 지금

생각들 사이 깜박이는
숨결을 타고 지금을 봐

시간 따라간 생각들은
여기를 바라보지 않아

생각들 사이의 지금은
기억도 상상도 없다네

생각은 별
시간은 중력

여기 지금 우리는
텅 빈 우주인 것을

დრო და ახლა

აზრებს შორის მოციმციმე
სუნთქვას მიყევი და დაინახე ახლა

დროს გაყოლილი აზრები
უკან არ იხედებიან

აზრებს შორის არსებული ახლა
არც მეხსიერებაა და არც წარმოსახვა

აზრები ვარსკვლავებია
დრო - მათი მიზიდულობა

აქ ახლა ჩვენ
სიცარიელე ვართ

조지아 딸

마쇼
켈라슈빌리

이름처럼
신비하게 다가온
너의 고요함

인연의
시간을 넘어

지금
존재의 심연에
빛나는

사랑하는

나의
조지아 딸

ქართველი შვილი

მაშო
ხელაშვილი

სახელივით
იდუმალებაში მოახლოებული
შენი სიმშვიდე

ბედისწერის
დროის მიღმა

ახლა
არსებობის სიღრმეში
მბრწყინავი

ძვირფასი

ჩემი
ქართველი შვილი

하늘의
별

마쇼 켈라슈빌리

ცის

ვარსკვლავი

მაშო ხელაშვილი

하루

시계 없는 무음 속 하루가 펼쳐진
야트막한 꿈 언덕에

발소리 죽여 담장 위를 걸어가는
야윈 고양이

구름 한 점 없는 눈에 담긴
하늘에 별들이 내려오면

잠든 나무 아래
벨벳처럼 부드러운 어둠이 스민다

눈꺼풀 아래 밀려온 파도 소리에
검은 소매 내리고 휘저으면

손가락 사이로 빠져나가는
젖은 모래알 생그럽다

დღე

საათის გარეშე სიჩუმეში გაშლილი დღე
მსუბუქი სიზმრის ბორცვზე

რბილი ნაბიჯებით ღობეზე მიმავალი
სუსტი კატა

უღრუბლო ცის სიღრმეში
ვარსკვლავები ეშვებიან

მძინარე ხის ქვეშ
ხავერდივით ნაზი სიბნელე ჟონავს

ქუთუთოებს ქვეშ მოვარდნილი ტალღების ხმაურში
აკეცილ სახელოებს ვუშვებ და ნაზად ვურევ

თითებს შორის მოსრიალე
ქვიშის მარცვლების შეგრძნება ნაზი და ცოცხალია

어느 꿈속
맑은 하루에서

ერთი სიზმრის

ნათელ დღეს

바람개비 소년

종일
내린 비에

어제는
바람이 불까

긴 머리
눈앞을 스치고

카페 한 켠에
작은 연못이 있어

물결에 닿은
버드나무 마음은

서푼 미소
노랑 루즈 치마 들국화

წისქვილის ბიჭი

მთელი დღე
წვიმის შემდეგ

გუშინ
ნეტა ქარი დაუბერავს?

გრძელი თმა
თვალწინ ჩავლილი

კაფის ერთ კუთხეში
პატარა გუბეა

ტალღას შეხებული
ტირიფის გული

მკრთალი ღიმილი
ყვითელი ქვედა ბოლო ველური ქრიზანთემები

사랑은 하품

무지개 다리
노을 진 강아지 구름

날갯짓 따라
하늘파도 스며간

소년은 바람개비

სიყვარული დამთქნარებაა

ცისარტყელის ხიდი
ჩამავალი მზის ფერი ლეკვის ფორმის ღრუბელი

ფრთების მოძრაობით
ცა ტალღებს შეერია

ბიჭი წისქვილია

풀잎의 열반

생각 사이
펼쳐진
고요의 바다

돌에 핀
꽃을
바라본다

숨결 사이
피어난
찰나의 평화

무위의
선이
춤을 추고

돌에 핀
꽃

ბალახის ფოთლის ნირვანა

ფიქრებს შორის
გაშლილი
სიმშვიდის ზღვა

ქვაზე აყვავებულ
ყვავილს
ვუყურებ

სუნთქვების შორის
აღმოცენებული
წამიერი სიმშვიდე

უმოქმედობის
ხაზი
ცეკვას იწყებს

ქვაზე აყვავებული
ყვავილი

풀잎의 열반

구름 위로
산이
지나가네

ბალახის ფოთლის ნირვანა

ღრუბლებს ზემოთ

მთები

მშვიდად ჩაივლიან

진달래꽃

밤바람에 실려
서쪽 바다로
떠난 하얀 구름

봄비가 되어
아침 창을 두드린다

창문을 여니
아직 가난한
이른 햇봄 아침 뜨락에

연분홍 편지가
가지런히 놓여 있다

나 보기가 역겨워
가실 때에는
말없이 고이 보내드리우리다

აზალიის ყვავილი

ღამის ქარის მოტანილი
დასავლეთის ზღვისკენ
წასული თეთრი ღრუბელი

გაზაფხულის წვიმად ქცეული
დილის ფანჯარაზე მიკაკუნებს

ფანჯარას ვაღებ
ჯერ კიდევ ღარიბ
ნაზი გაზაფხულის დილის ეზოში

ღია ვარდისფერი წერილი
მშვიდად დევს

როცა ჩემი ცქერით გაღიზიანებული
წასვლას გადაწყვეტ
უსიტყვოდ მშვიდად გაგიშვებ

사랑이
기쁨으로 넘칠 때
처음으로
이별을 예감했다

그 마음에
진달래꽃이 피었다

말없이
고이 보내겠다고

바보같이
눈물 흘리지 않겠다고

여름,
가을, 겨울,
그렇게 다시…

სიყვარული

სიხარულით რომ აივსო

პირველად

განშორების წინათგრძნობა ვიგრძენი

ამ გონებაში

აზალიების ყვავილი აყვავდა

უსიტყვოდ

მშვიდად გაგიშვებდი

სულელივით

ცრემლებს აღარ ღვრიდი

გაზაფხული,

შემოდგომა, ზამთარი

და კვლავ

ღრუბლების დინებით

წელიწადის დროები ბრუნდებიან

구름이 떠가듯
계절은 되돌아와

아침 햇살에
꽃봉오리가 여물고

기억이 아문 자리
연분홍 꽃편지가 피었다

დილის მზის შუქზე
ყვავილის კვირტი მწიფდება

შეხორცებული მოგონებების ადგილზე
ღია ვარდისფერი ყვავილის წერილი აყვავდა

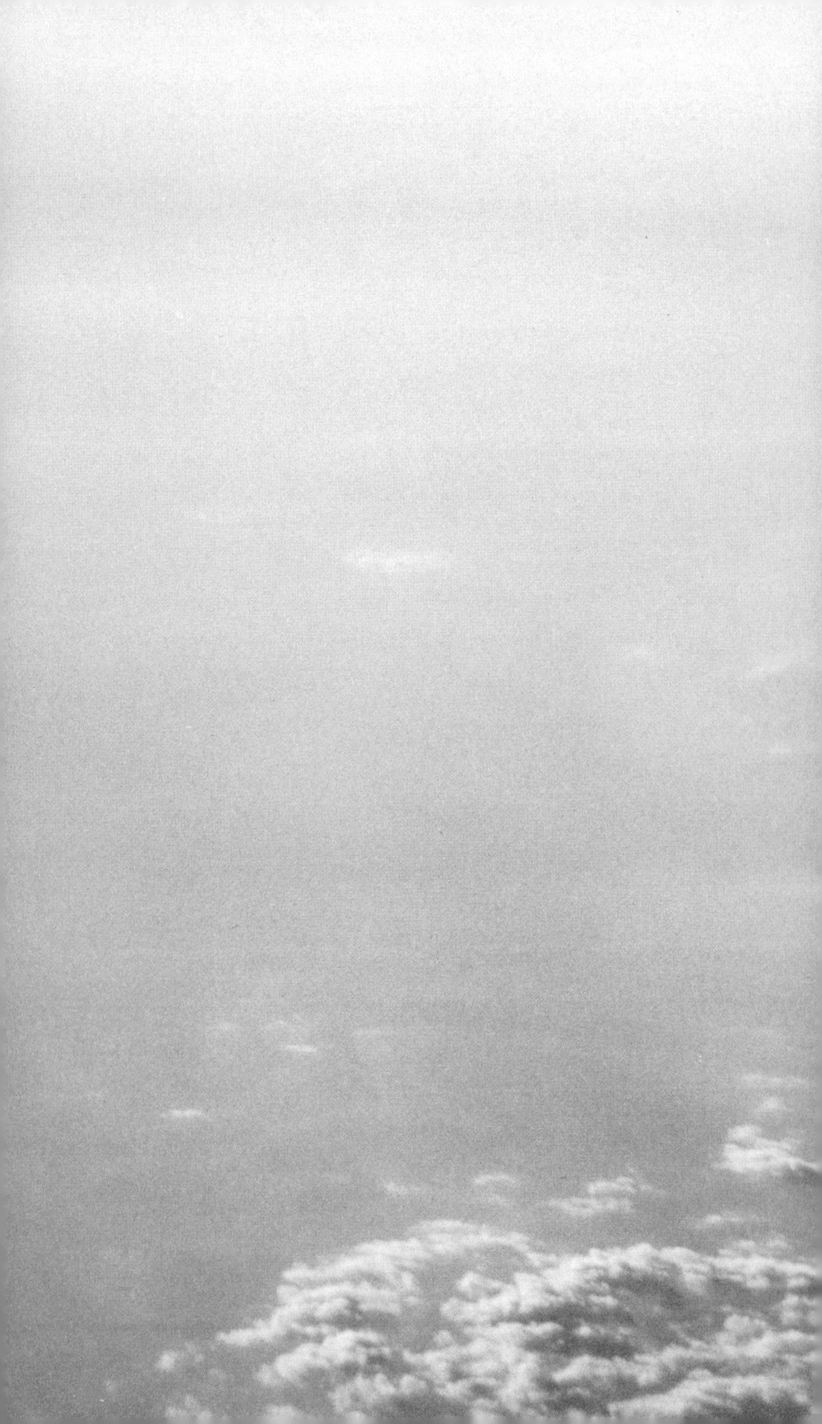

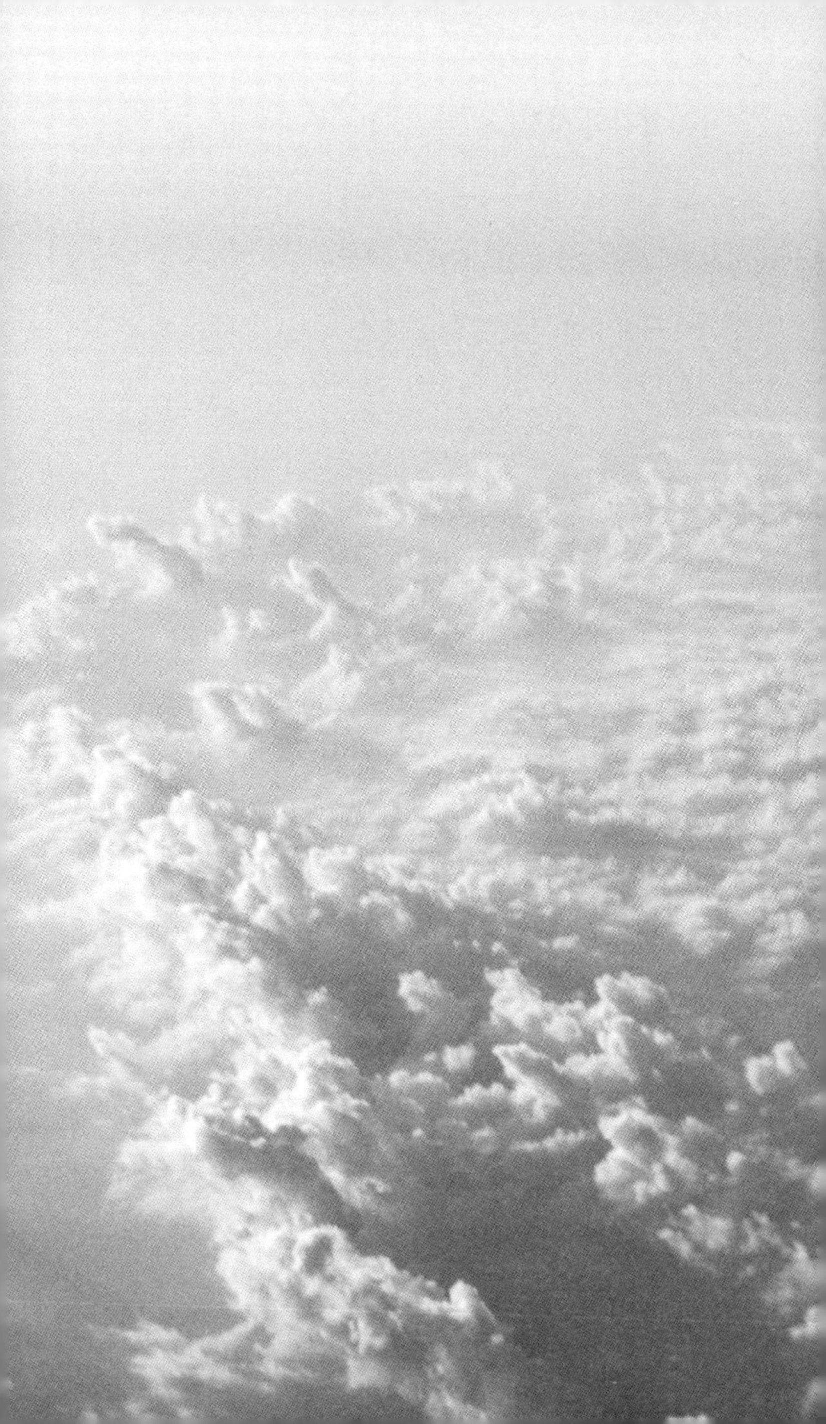

감각의 서정

커튼 사이
내려오는 투명한 햇살에
잠에서 깨어

아침을 알리는
새들의 노랫소리 들으며
하루를 시작한다

어느새
하나, 둘 깨어난
여린 감각

시인의 손길로
더딘 마음의
벽을 열고

생각의 연필을
곱게 깎아

გრძნობის ლირიკა

ფარდებს შორის

შემოღვრილ გამჭირვალე მზის სინათლის

ძილიდან გამოღვიძებული

დილის მაუწყებელი

ჩიტების სიმღერის სმენით

დღეს ვიწყებ

მოულოდნელად

ერთი, ორი გამოღვიძებული

ნაზი შეგრძნება

პოეტის შეხებით

დახურული გონების კედლები

ნელა იხსნება

აზრების ფანჯარს

მოხდენილად ვთლი

და ლექსს ვწერ

시를 적는다

사랑이 된
기쁨과 슬픔이
아름다운 노래를 부를 때

그러다
그립고 외로운
비가 되어 내릴 때

감각을 스치는
한 줌 바람을 보는
나와

내게 고요히
미소 짓는
감각의 서정

როდესაც სიყვარულად ქცეული

სიხარული და სევდა

ლამაზ სიმღერას მღერიან

და როდესაც

მონატრებად და მარტოობად

ქცეული წვიმა მოდის

შეგრძნებებს შეხებული

ერთი მუჭა ქარის

შემხედვარე მე და

ჩემსკენ ჩუმად

ღიმილით მომართული

გრძნობების ლირიკა

ყვავილად ქცეული წამიერება

უსახელო და უფორმო(無名無實)

სულის სინათლე იყო

꽃이 된 찰나의

무명무실(無名無實)

빛의 영혼이었다

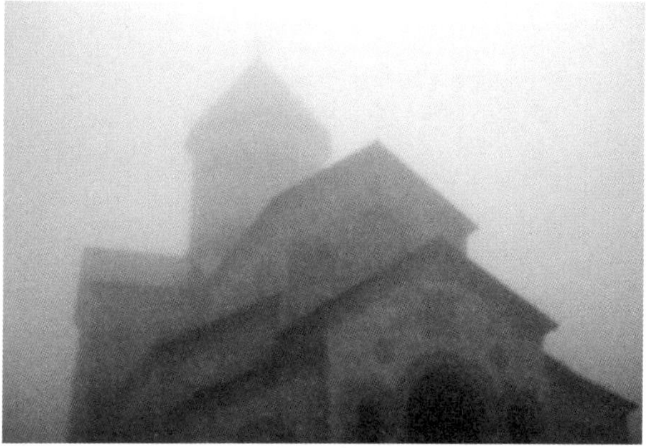

생각 밖 투명한 나

생각 밖
투명한 나

아련히
타오르는 섬

뭉게
기억 사이로

비 내리는
먼 산 하모니카

노래 속에
흘러간

꽃잎 가득
그 바다는 여름

აზრებს მიღმა გამჭირვალე მე

აზრებს მიღმა
გამჭირვალე მე

მკრთალად
ალმოდებული კუნძული

დაბინდულ მოგონებებს
შორის

წვიმიანი
შორეული მთების ჰარმონიკა

სიმღერაში
განვლილი

ყვავილის ფურცლებით სავსე
ის ზღვა ზაფხულია

모래 위
햇살 그라탱

내 안의
하늘인 나

ქვიშაზე
მზის შუქის გრატენი

ჩემში
არსებული ცა მე ვარ

달을 쏘다

구름 머금고 다시 깨어난 달이
깊은 숨결로 밤바다를 부르자
눈꺼풀 아래 고운 꿈 물결이 일어났어

푸른 신비를 쫓아 중력 위로 솟은 몸은
우주 곡면을 유영하며 돌았고
머리카락 끝은 먼 별밭처럼 반짝였지

그때 방아쇠를 당겼어
생각 위로 달을 쏜 거야

달은 불꽃을 터트리며 춤을 추었고
부서져 내린 조각은 작은 파도에 떠밀려
하얀 거품 아래 그리운 모래알이 되었어

მთვარის სროლა

ღრუბლების გაფანტვის შემდეგ კვლავ გამოღვიძებული მთვარე
ღრმა სუნთქვით ღამის ზღვას უხმობს
და ქუთუთუოების ქვეშ ნაზი სიზმრის ტალღები ირწევა

ლურჯი საიდუმლოს დევნაში მიზიდულობაზე
ამაღლებული სხეული
სამყაროს ზედაპირზე ტივტივებდა
თმის ბოლოები შორეული კარსკვლავების მინდორივით
ბრწყინავდა

ამ დროს სასხლეტი გამოვწიე
აზრებზე მაღლა მთვარეს ვესროლე

მთვარემ ცეცხლის ნაპერწკლები გადმოაფრქვია და ცეკვა
დაიწყო
პატარა ტალღებით გამორიყული დამსხვრეული ნაწილები
თეთრი ქაფის ქვეშ მონატრებულ ქვიშის მარცვლებად იქცა

모나코 2019

37.5도
8월의 태양에
아스팔트가 익는다

초록 넥타이 매고
학동 사거리에서
노란 TAXI를 잡았다

보고 싶다

그 하나의 이유로
스콘과 딸기잼
카푸치노를 주문했다

바라본다

그 하나의 이유로
시간을 붙잡은 채

მონაკო 2019

37.5 გრადუსი
აგვისტოს მზეში
ასფალტი იხარშება

მწვანე ჰალსტუხით
ჰაკდონგის გზაჯვარედინზე
ყვითელი ტაქსი გავაჩერე

მენატრება

ამ ერთი მიზეზით
სკონი მარწყვის ჯემი
და კაპუჩინო შევუკვეთე

ვუყურებ

ამ ერთი მიზეზით
დრო დავიჭირე
და მონაკოს სანაპიროზე გავისეირნე

모나코 해변을 걸었다

사랑한다

그 이유 하나로
천 번의 입맞춤 아래
두 송이 LOTUS가 피었다
CREEP

니스에서
메르세데스를 타고 45분
몬테카를로에 도착했다

地中海邊

STARBUCKS

천 개의 별빛이 쏟아지는
모나코의 푸른 밤이 짙어간다

მიყვარს

ამ ერთი მიზეზით
ათასი კოცნის ქვეშ
ორი ლოტუსის ყვავილი აყვავდა
CREEP

ნიცადან
მერსედესით 45 წუთში
მონტე კარლოში ჩავედი

地中海邊 *ხმელთაშუა ზღვის ნაპირი*
STARBUCKS

ათასი ვარსკვლავის შუქ ჩამოღვრილი
მონაკოს ლურჯი ღამე ღრმავდება

가을이다

가을이다
차가운 햇살이 비친다
하늘이 새들을 노래한다
비질하는 소리가 소설 같다

가을이다
아침 바람이 분다
낙엽이 길 옆을 걷는다
나무가 낙엽을 내려다본다

가을이다
따뜻한 봄비가 내린다
거리가 비옷을 입고 있다
우산이 신호등을 기다린다

가을이다
가을이다

შემოდგომაა

შემოდგომაა
ცივი მზის სხივები ანათებს
ცა ფრინველებს მღერის
ხვეტვის ხმა მოთხრობას გავს

შემოდგომაა
დილის ქარი უბერავს
ფოთლები გზისპირას ხეტიალობენ
ხეები კი მათ ზემოდან უცქერენ

შემოდგომაა
თბილი გაზაფხულის წვიმა მოდის
ქუჩას წვიმის სამოსი აცვია
ქოლგა შუქნიშანს ელოდება

შემოდგომაა
შემოდგომაა

여느 행복한 날
- 트빌리시에서

여느 아침은
파란 얼굴 말끔히 씻고
바람 수건 목에 걸치고
여느 새벽노을로
이슬 촉촉이 뿌린 세상을
따스발가스름하게 익히네

여느 밤사이
꿈 바닷속 설레던 나를
파도모래스름하게 데려다
여느 무지개
창틀에 걸린 햇살 걷어와
빵을 굽고 꽃차를 내리네

여느 고요히
하나 된 축복으로 태어난
신비마들로바*한 이 땅에

უბრალო ბედნიერი დღე

— თბილისში

უბრალო დილა
ლურჯ სახეს სუფთად იბანს
ქარის პირსახოცს კისერზე იკიდებს
უბრალო განთიადის ფერებით
ნამით დასველებული სამყარო
თბილ და მსუბუქ ვარდისფრად იხარშება

უბრალო ღამის განამვლობაში
სიზმრების ზღვაში მღელვარე მე
ტალღა ქვიშად მოყვანილი
უბრალო ცისარტყელა
ფანჯრის ჩარჩოზე დაკიდებულ მზის სხივებს ვკრეფ
პურს ვაცხობ და ყვავილების ჩაის ვასხამ

უბრალო სიწყნარით
ერთიანობის კურთხევით დაბადებული
იდუმალი *მადლობის* მიწაზე

여느 정겨운
처음 나라의 사람이 되어
뺨 맞춘 사랑이 깊어가네

*마들로바: '고맙다'라는 의미의 조지아어

უბრალო სითბოთი
პირველი ქვეყნის ადამიანი გავხდი
ლოყა შეხებული სიყვარული ღრმავდება

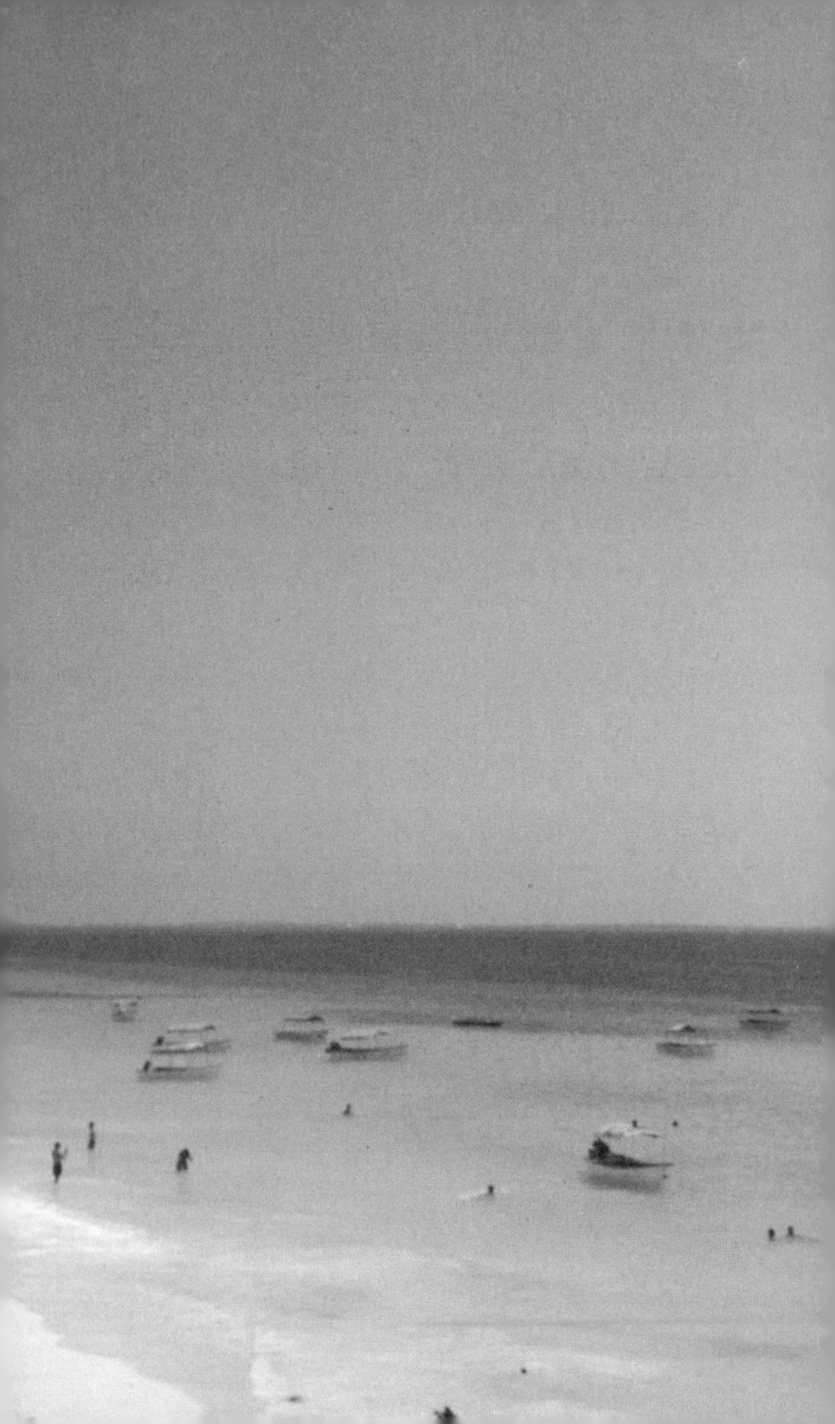

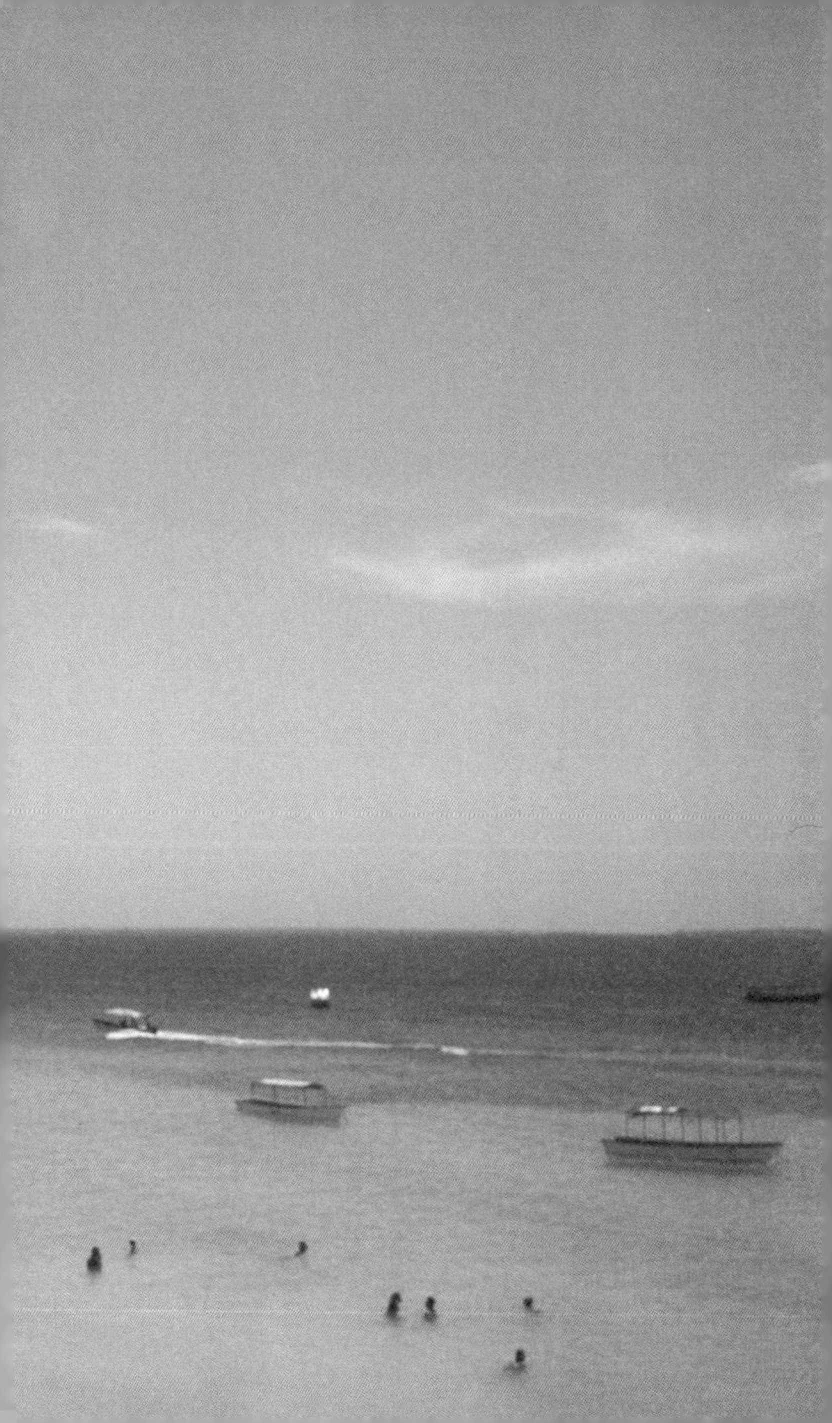

상상 우주

의자 위로
떠올라

높이
날아가

비어 있는
구름을 봐

째깍이는
생각은 흘려보내

바람은
널 몰라

시간이
기억을 잊을 때

წარმოსახვითი სამყარო

სკამს ზემოთ

აწეული

მაღლა

აფრენილი

ცარიელ ღრუბლებს

შეხედე

მოწიკწიკე

ფიქრები გაუშვი

ქარი

შენ არ გიცნობს

დრო

მოგონებებს რომ დაივიწყებს

눈물을 닦고
사라져

좋아
그렇게

돌아보지 마
비는 오지 않아

아마
난

그렇듯
넌

상상
일거야

ცრემლებს მოიწმენდ

და გაქრები

კარგი

ასე იყოს

უკან არ მოიხედო

წვიმა არ მოდის

როგორც

მე

ისევე

შენ

ალბათ

მხოლოდ წარმოსახვა იქნები

편지

하얀
마음에

편지를 씁니다

보이나요

마지막
가을꽃이 피었어요

꽃이 지면

하나둘
잎들도 떨어진대요

꽃을 보며
노래를 부릅니다

წერილი

თეთრ

გულზე

წერილს ვწერ

ხედავ?

შემოდგომის

ბოლო ყვავილი აყვავდა

როდესაც ყვავილები ჭკნებიან

ფოთლებიც

ერთი მეორეს მიყილებით

ცვივა

ყვავილს ვუყურებ

და სიმღერას ვიწყებ

들리나요

노래가
끝이 나면

세월도 가겠죠

가을
하늘이 그려진

이른 아침
열린 창가에 앉아

하얀 마음에
편지를 썼어요

곱게 접어서
그리움에 넣어

გესმის?

სიმღერა
რომ დასრულდება

დროც ჩაივლის ხომ ასეა?

შემოდგომის
მზის ცის დახატული

დილით ადრე
ღია ფანჯარასთან მჯდარმა

თეთრ გულზე
წერილი დავწერე

ნაზად დავკეცე
მონატრებაში შევინახე

ნეკერჩხლის ფოთლით დავამაგრე

და მშვიდ ქარს
გავატანე

단풍잎 붙여

선한 바람에
실어 보냅니다

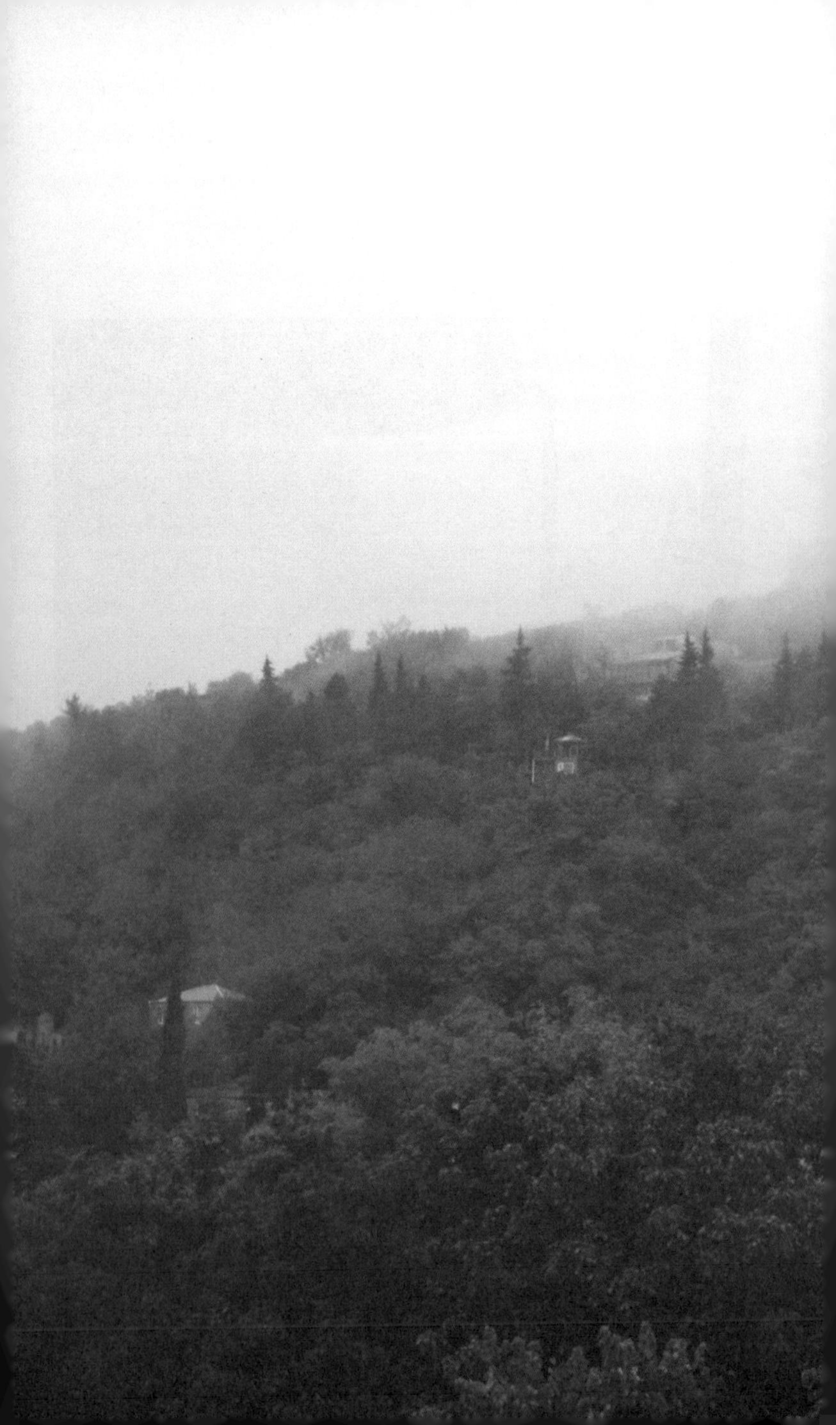

수능을 100일 앞둔 아들에게

아들아,
수능 100일 앞에 홀로 서 있구나
그 끝을 바라보고 있니?
아빠가 너일 때 그 끝은 벼랑처럼 다가왔다
날아오르거나 떨어져버리거나
돌이킬 수도 없는…
그땐 아빠도 몰랐다

그런데 그곳은 벼랑 끝이 아니었다
승자와 패자를 가르는 그런 심판대가 아니었다
그 끝에서
아빠의 선택을 기다려온 새로운 삶들을 만났다
그 모든 삶을 사랑으로 마주하니 아빠의 선택은 스무 살 시절의 특권이 되었다
삶의 노란빛을 사랑한 반 고흐, 숲의 노래를 들었던 베토벤, 우주를 바라본 아인슈타인
스무 살 시절 나의 선택, 가슴 뛰는 삶은 그렇게 시작되었다

ჩემს შვილს ეროვნულ გამოცდამდე 100 დღით ადრე

შვილო

100 დღით ადრე გამოცდის წინაშე მართო დგახარ

მის დასასრულს უყურებ?

მამა როცა შენ ასაკში იყო ის დასასრული უფსკრულივით

ახლოვდებოდა

მალლა აფრენა ან დაცემა

ის რასაც უკან ველარ დააბრუნებდი

იმ დროს მამამაც არ იცოდა

მაგრამ ის ადგილი უფსკრულის დასასრული არ ყოფილა

ის არ იყო გამარჯვების და დამარცხების გასაყარი

იმ დასასრულთან

ახალი ცხოვრების გზებს შევხვდი რომლებიც მამის

არჩევანს ელოდნენ

როდესაც მათ სიყვარულით შევხვდი მამის არჩევანი 20

წლის ასაკის პრივილეგიად იქცა

ვან გოგი, რომელმაც სიცოცხლის ყვითელი ნათება

შეიყვარა ბეთჰოვენი, რომელმაც ტყის მუსიკა მოისმინა

აინშტაინი რომელმაც სამყაროს სიღრმეში ჩაიხედა

사랑하는 나의 아들아,
29년 전 아빠의 시간을 보내고 있구나
삶의 무게에 눌려 애쓰고 있지는 않니?
그땐 아빠도 너와 같았지
그러나 이젠 안다
삶은 언제나 상상 이상으로 아름다움을

바라보렴
크게 호흡하렴
세상이 얼마나 큰 무대인지
그 무한의 공간에서 춤출 때
삶이 얼마나 설레고 아름다운지
보이니? 그 삶에 춤을 청해보렴
바로 지금, 여기에서…

사랑하는 아들아,
네 안의 우주를 느껴보렴
삶을 넘어 존재하는 무한대의 공간을 찾아보렴

ოც წლიანი ასაკის ჩემი არჩევანი, გულისცემით სავსე
ცხოვრების დასაწყისად იქცა

ჩემო საყვარელო შვილო
29 წლის წინანდელ მამის გზას გადიხარ
მძიმეა ეს ყველაფერი?
იმ დროს მამაც შენსავით იყო
მაგრამ ახლა ვიცი
ცხოვრება ყოველთვის წარმოსახვაზე მეტად ლამაზია

შეხედე
ღრმად ისუნთქე
რა დიდია სამყაროს ეს სცენა
ამ უსაზღვრო სივრცეში ცეკვისას
ცხოვრება რამდენად შთამბეჭდავი და ლამაზია
ხედავ? სთხოვე ცხოვრებას გეცეკვოს
სწორედ ახლა, აქ...

საყვარელო შვილო
იგრძენი სამყარო შენში
მოძებნე ცხოვრების მიღმა არსებული უსასრულო სივრცე
100 დღე ხომ მართლაც ცოტაა?
ცხელი ზაფხულის ღამის სიზმარივით ისიც მალე ჩაივლის

100일은 참 작지 않니?
한여름 밤의 꿈처럼 그 또한 곧 지나가겠지
앞으로의 네 삶을 상상만 해도
경이롭구나
너의 작은 100일에 큰 사랑을 주렴

2012년 7월 25일
너를 사랑함에 춤추는 아빠가

შენი მომავალი ცხოვრების წარმოდგენაც კი

საოცარია

შენს პატარა 100 დღეს დიდი სიყარული აჩუქე

2012 წლის 25 ივლისი

შენს სიყვარულში მოცეკვავე მამა

바다에 가면

가슴 한 켠에
파도를 담고 살아도

헤아릴 수 없는
생각에 숨결이 흔들려도

지금 저 파도는
그 파도가 아니란 생각에

바다에 가면 바다가 없다

문득 부르는 소리에
돌아보아도

파도에 지워진
발자국 같은 기억들

해변은 무심히 철썩이고

ზღვასთან მისვლისას

გულის სიღრმეში
თუ ტალღებს ინახავ

უსაზღვრო
ფიქრით თუ სუნთქვა იხრევა

ახლა ის ტალღა
იმ ფიქრით რომ ის ტალღა არ არის

ზღვასთან მისვლისას ზღვა იქ არ მხვდება

მოულოდნელი დაძახილის ხმაზე
თუ უკან მივიხედავ

ტალღებით წაშლილი
ნაკვალევივით მოგონებები

ნაპირი უდარდელად შხეფს

바람에 갈매기 높이 날지만

바다는 결국 아무도 없는 곳
그래서

바다에 가면 바다가 없다

ქარში თოლიები მაღლა ფრინდებიან მაგრამ

ზღვა საბოლოოდ ის ადგილია სადაც არავინაა
და ამიტომ

ზღვასთან მისვლისას ზღვა იქ არ მხვდება

사랑이 사랑에게

그대는
내게
사랑하냐고
묻지만

설레고
가슴 뛸 뿐
나는
사랑이 아닙니다

그대는
내게
사랑한다고
말하지만

바라보고
좋아할 뿐
그대는

სიყვარული სიყვარულს

შენ
მეკითხები
მიყვარხარ თუ არა
მაგრამ

უბრალოდ აღელვებული
გულ აჩქარებული
მე
სიყვარული არ ვარ

შენ
მეუბნები
რომ გიყვარვარ
მაგრამ

უბრალოდ ყურებით
და მოწონებით
შენ
სიყვარული არ ხარ

사랑이 아닙니다

사랑은
바람처럼
우리 안에
머물다 가는 것

기뻐하고
아파할 뿐
우리는
사랑이 아닙니다

სიყვარული
როგორც ქარი
ჩვენში
დროებით ჩერდება და მიდის

უბრალოდ გვიხარია
და გვტკივა
ჩვენ
სიყვარული არ ვართ

올모스트 메인 2019
- 존 카리아니에게 바침

경고등 후 50마일을 더 달려 주유했다
보잉 X90이 머리를 스칠 듯 내려오는
공항 활주로 옆 한적한 외곽도로를 달렸다

멀리 하늘에서 떨어진 듯 외딴 호텔이 보인다
뤽 베송의 로비에서 AI 프런트걸이 웃는다
레이벤에 기타를 메고 엘리베이터 B에 올랐다

하얀 방 한 켠에 천문대처럼 큰 유리벽이 있다
전동 블라인드를 올리자 하늘이 깊고 푸르다
사파이어 문라이트, 은빛 별들의 강이 흐른다

달콤쌉쌀한 추억들을 라테에 섞어 마신다
와인 글라스에 바르셀로나 별 맥주를 마신다
스틸 기타 그루브에 맞춰 보사노바를 춘다

오로라가 보였다

თითქმის მეინი 2019

— ჯონ კარიანისადმი მიძღვნილი

ავარიული სანათის ანთების შემდეგი 50 მილი გავიარე და
საწვავი ჩავასხი
აეროპორტის ასაფრენ ბილიკთან ახლოს გარეუბნის
ცარიელ გზაზე გავიარე
ბოინგ X90 ისე ეშვება თითქოს თავზე მეხება

შორს თითქოს ციდან ჩამოვარდნილი იზოლირებული
სასტუმრო ჩანს
ლუკ ბესონის ლობიში AI მიმღების გოგონა მიღიმის
რეიბანით და გიტარით B ლიფტში შევედი

თეთრი ოთახის ერთ მხარეს ობსერვატორიის მსგავსი
დიდი მინის კედელია
ელექტრო ფარდას ვწევ ცა ღრმა და ლურჯია
საფირის ფერი მთვარის შუქი და ვერცხლისფერი
ვარსკვლავების მდინარე მიედინება

ტკბილ-მწარე მოგონებებს ლატეში ვურევ და ვსვამ
ღვინის ჭიქაში ბარსელონის ვარსკვლავური ლუდი მოვსვი

파란 분홍, 노란 주홍빛 우주가 소용돌이친다
라테 크레마 같은 고요 속으로 X90이 날아오른다
케이티 멜루아의 if you were a sailboat 그리고

손끝부터 사라져 흐르는 나를 보았다

რკინის გიტარის გრუვთან ერთად ბოსანოვას ვცეკვავ

ავრორა გამოჩნდა

ლურჯი ვარდისფერი, ყვითელი ნარინჯისფერი სინათლის
სამყარო მორევში ტრიალებს
ლატეს ქაფივით სიმშვიდეში X90 მაღლა მიფრინავს
ქეთი მელუას If You Were a Sailboat
და შემდეგ

თითის წვერებიდან გამქრალი და მდინარესავით
გამომავალი საკუთარი თავი დავინახე

애월연가 涯月戀歌

가파른
해벽에 부딪친
거센 파도는
하얀 물거품 되어
밀려가고

그대
눈썹 같은
해안선 위로
덩그마니
겨울 달이
떠 있다

예감된
이별에 부딪힌
설은 사랑은
겨울비 되어
내리고

აევოლის სასიყვარულო სიმღერა(涯月戀歌)

ციცაბო
კლდოვან ნაპირს დაჯახებული
მძლავრი ტალღები
თეთრ ქაფად იქცევიან და
უკან იხევენ

შენი
წარბივით მოხრილ
ზღვის სანაპიროზე
ზამთრის მთვარე
ეულად მაღლა ცაშია

მოუმწიფებელი სიყვარული
წინასწარ ნაგრძნობ
განშორებას ეჯახება
ზამთრის წვიმად იქცევა
და დაბლა ეშვება

그대
숨소리 같은
밤바다 소리에
자박자박
낯선 길을
걷는다

შენი სუნთქვის ხმასავით
ღამის ზღვის ხმაში
ნაბიჯ-ნაბიჯ
უცნობი გზით
დავდივარ

출애월기出涯月記

파도 소리
들으며
설핏 잠든 밤
소리 없이
겨울비가 내렸다

아침 바다
소리에
창문을 여니
하늘은 블루
순백 구름이 부푼다

이제
애월涯月을 떠나려 하네

순풍 불어
바닷길 열리면

აევოლის დატოვება

ტალღების ხმის
სმენით
მსუბუქად ჩაძინებულ ღამეს
უხმო
ზამთრის წვიმა მოვიდა

დილის
ზღვის ხმაზე
ფანჯარა გაეაღე
ცა ლურჯია
სუფთა თეთრი ღრუბლები იბერებიან

ახლა
აევოლს ვტოვებ

როცა რბილი ნიავი უბერავს
და ზღვის გზა იხსნება

사랑은
기억 속으로
추억은
바람 속으로
그리움은
파도 속으로

나는
내가 아닌 곳으로

სიყვარული
მეხსიერებაში იკარგება
მოგონებები ქარში იფანტება
მონატრება ტალღებში ქრება

და მე
მივდივარ ადილზე რომელიც მე არ ვარ

꿈

1036송이
노란 프리지어 활짝 핀
꽃밭이 있는 하얀 집에서
초콜릿색 소파에 앉아
자몽향 음악을 따라 부르며
그루브하게 레드 와인을 마신다

33번의 노크
소리가 들려 밖을 나가보니
달무리 진 프리지어 꽃밭에
은색 빗방울 허공에 멈춰 있고
간지러운 풀벌레 소리에 취해
초록색 캔맥주를 마셨다

25번째
시계종 소리에 새벽잠을 깨어
다크민트 초콜릿을 입에 물고
본 조비의 사랑 노래를 부르니

სიზმარი

1036 ყვავილი

ყვითელი ფრეზიის ფართოდ აყვავებული

მინდორია თეთრ სახლში

შოკოლადისფერ სავარძელში ვზივარ

გრეიფრუტის სურნელოვან მუსიკას ვყვები

და რითმულად წითელ ღვინოს ვსვამ

კარზე კაკუნია ოცდაცამეტჯერ

ხმა მესმის გარეთ გაკლიკარ

ფრეზიის ყვავილებით სავსე ჰალოიანი მთვარის მინდორში

ვერცხლისფერი წვიმის წვეთები ჰაერში გაჩერებულიყო

ბალახის მწერების ქავილისებური ხმით დამთვრალმა

მწვანე ქილის ლუდი მოვსვი

საათის ოცდამეხუთე დარეკვაზე

განთიადის სიმშვიდეში ვიღვიძებ

შავი პიტნის შოკოლადის გემოთი ენაზე

ბონ ჯოვის სასიყვარულო სიმღერას ვღიღინებ

커튼 너머로 아침 강이 흐르고
거실 가득 방금 내린 커피 향이 좋다

ფარდებს მიღმა დილის მდინარე მიედინება
და მისაღები ოთახი ახლად მოხარშული ყავის სურნელით
ივსება

그해 그 겨울

소리 없이
부서진다

깊은 바다로
사라진 얼음산처럼

조각조각
부서져 내렸다

생각마저
홀연히 떨어져

밤눈처럼
소복이 쌓였다

의식은
투명한 몸을 이끌어

იმ წელს იმ ზამთარს

უხმოდ
იმსხვრევა

როგორც ღრმა ზღვაში
გამქრალი ყინულის მთა

ნაწილებად
დაიმსხვრა და ჩამოინგრა

აზრებიც
მოულოდნელად ჩამოცვივდნენ

ღამის თოვლივით
რბილად დალაგდნენ

ცნობიერება
გამჭირვალე სხეულს წინ მიუძღვის

영원과 끝이 이어진
물 위를 걸었다

노을 된 햇살 아래
발갛게 물든 꽃잎을 보았고

어두워진 하늘을 가르는
철새 무리의 날갯짓 소리를 들었다

그때
보았다

2020 찰나
그해 그 겨울에

그인 내가
나인 그를

მარადისობისა და დასასრულის კავშირის

წყალზე გავიარე

ჩამავალი მზის სხივების ქვეშ

წითლად შეფერილი ყვავილის ფურცლები დავინახე

დაბნელებულ ცაზე

მომთაბარე ფრინველთა ფრთების ხმა გავიგე

იმ დროს

ვიხილე

2020 წამი

იმ წელს იმ ზამთარს

მე როგორც ის

ის როგორც მე

ქრება

შორდება ვუყურებ

사라져

멀어져 바라보네

원스 인 어 블루문

- 페테르 O. 에르베에게 바침

하나가
둘을 만나

비로소
자신을 알고 셋이 되었다

둘이
셋을 보자

비로소
자신을 알고 하나가 되었다

둘은
하나이자

셋이며
사랑 없이 존재할 수 없다

უანს ინ ე ბლუ მუნ

—პიტერ ო. ერბესადმი მიძღვნილი

ერთი

შეხვდა ორს

საბოლოოდ

თავი შეიცნო და გახდა სამი

ორმა

სამის შემხედვარემ

საბოლოოდ

თავი შეიცნო და გახდა ერთი

ორი

ერთია და

სამი

სიყვარულის გარეშე ვერ იარსებებს

Once in a

blue moon

Lament

쉘브루의 우산

그 새벽에

푸른 달이 뜬다

Once in a

Blue moon

Lament

შერბურგის ქოლგები

იმ განთიადზე

ლურჯი მთვარე ამოდის

가을 호수

나는
비워지고
계절이
그 자리를 채운다

사랑은
햇살 되어
은행잎을
샛노랗게 물들이고

기억은
연꽃 되어
구름 담긴
호수 위에 떠 있다

미련은
바람 되어
아침 산책로

შემოდგომის ტბა

მე
ვცარიელდები
და სეზონი
იმ ადგილს ავსებს

სიყვარული
მზის სხივად იქცევა
გინკოს ფოთლებს
ხათელ ყვითლად ღებავს

მეხსიერება
ლოტუსის ყვავილად იქცევა
და ღრუბლებით სავსე
ტბის ზედაპირზე ტივტივებს

სინანული
ქარად იქცევა
დილის სასეირნო ბილიკზე

낙엽들을 굴리고

그리움은
시간 되어
호수 위
잔잔한 물결이 인다

가을 아침
호숫가에서
고즈넉한
가을이 되어본다

ფოთლებს აფრიალებს

მონატრება
დროდ იქცევა
და ტბის ზედაპირზე
მსუბუქი ტალღები ჩნდება

შემოდგომის დილა
ტბის ნაპირზე
მშვიდ
შემოდგომად ვიქცევი

여름이 되어

오월
오후에

여름이 되어

초록 바다
담긴 마음에

따사한 햇살을 섞어

바람의 붓으로
파도 소리를 그린다

생각의 액자에 곱게 넣어

기억의 벽에 걸고
눈을 감으니

ზაფხულად ქცევა

მაისის

შუადღეს

ზაფხული დგება

მწვანე ზღვით

ავსებულ გულში

თბილი მზის სხივებს ვურევ

ქარის ფუნჯით

ტალღების ხმას ვხატავ

ფიქრების ჩარჩოში ბრთხილად ვათავსებ

მეხსიერების კედელზე ვკიდებ

და თვალებს ვხუჭავ

지나간 모습들의
잔잔한 愛想에

3번 녹턴이
흐른다

여름이 찾아온

어느 오월
오후
에

ჩავლილი სახეების

მშვიდ სევდაზე

მესამე ნოქტიურნი

ჟღერს

ზაფხული მოვიდა

ერთ-ერთი მაისის

შუადღე

ს

장밋빛 순간 2019

- 장밋빛 인생(La Vie En Rose)에 바침

그 눈길이 마주칠까

시선을 떨구던

10시 15분에도

내 마음이 보일까

뛰는 심장을 숨기던

11시 19분에도

난 장밋빛 순간을 보았어요

내게 던진 가벼운 한마디

특별한 의미가 되던

2시 7분에도

갈망도 아픔도 사라지고

행복이 그 자리를 차지하던

3시에도

ვარდისფერი მომენტი 2019

-La Vie En Rose-სადმი მიძღვნილი

10:15 საათზეც

მზერის გადაკვეთის შიშით

თვალებს ვხრიდი

11:19 საათზეც

გრძნობების გამოჩენის შიშით

მფეთქავ გულს ვმალავდი

მე ვარდისფერი მომენტი დავინახე

2:07 საათზეც

ჩემსკენ ნასროლი მარტივი სიტყვა

განსაკუთრებულ მნიშვნელობას იძენდა

3:00 საათზეც

ვნება და ტკივილი ქრებოდა

და მათ ადგილს ბედნიერება იკავებდა

მე ვარდისფერი მომენტი დავინახე

난 장밋빛 순간을 보았어요

입술 위
사라진 미소가
안타까웠던 그 오후 7시에도

가등 아래 홀로
집으로 가던
9시 반에도

내겐 장밋빛 순간이 보였어요

가슴속 피어오른
한 송이
장밋빛 인생이

იმ სამწუხარო საღამოს 7 საათზეც

ტუჩებიდან

ღიმილი ქრებოდა

9:30 საათზეც

ქუჩის ნათურის ქვეშ

სახლში მარტო მივდიოდი

ჩემთვის ვარდისფერი მომენტი დავინახე

გულში აყვავებული

ერთი ყვავილი

ვარდისფერი ცხოვრებაა

강변에서

노을 진
금빛
물결처럼

신비한
너는
사랑을 하고

무심한
나는
강둑에 앉아

흐르는
깊은
강물을 본다

바람이
문득

მდინარის პირას

მზის ჩასვლით გაბრწყინებული
ოქროსფერი
ტალღებივით

იდუმალი
შენ
შეყვარებული და

გულგრილი
მე
მდინარის ნაპირზე ვზივარ

მომდინარე
ღრმა
წყალს ვუყურებ

ქარმა
უეცრად
მამცნო

알려주네

예전엔
미처
알지 못했지

어여쁜
너는
사랑을 주고

무심한
나는
바라만 보네

너의
신비한
강변에서

იმ დროს

არ მესმოდა

არ ვიცოდი

ასე მშვენიერმა

შენ

სიყვარული გაეცი და

გულგრილი

მე

უბრალოდ ვუცქერდი

შენს

იდუმალ

მდინარის ნაპირზე

밤눈

- 송창식을 위한 노래

지금
창밖에
눈이 온다면

새하얀
눈을 맞으며
그대 올 것만 같아

속절없이
하늘을
봐요

마
음엔
벌써부터
흰 눈이 쌓이고
머릿속 가득
빛바랜

ღამის თოვლი

-სონგ ჩანგსიკისადმი მიძღვნილი სიმღერა

ახლა

თუ ფანჯრის გარეთ

თოვლი მოდის

თეთრი

თოვლის ქვეშ ვდგევარ

თითქოს შენ მოხვალ

უიმედოდ

ცას

ვუყურებ

გულ

ში

უკვე

თეთრი თოვლი გროვდება

გონებაში სავსე

გაფერკმრთალებული

მეხსიერების ხმებით

기억 소리에
긴 밤은
깊어만
가는
데

하얀
전등 아래
그대는 지금
무슨 생각을 할까
창을 두드리는
바람 소리에
고개 들어
창밖을
보아
요

გრძელი ღამე
ღრმავდე
ბა

თეთრი
ნათურის ქვეშ
შენ ახლა
რაზე ფიქრობ?
ფანჯარაზე მოკაკუნებულ
ქარის ხმაზე
თავს ვწევ
და ფანჯრის გარეთ
ვიხედები

TUNAUZA
MBAO

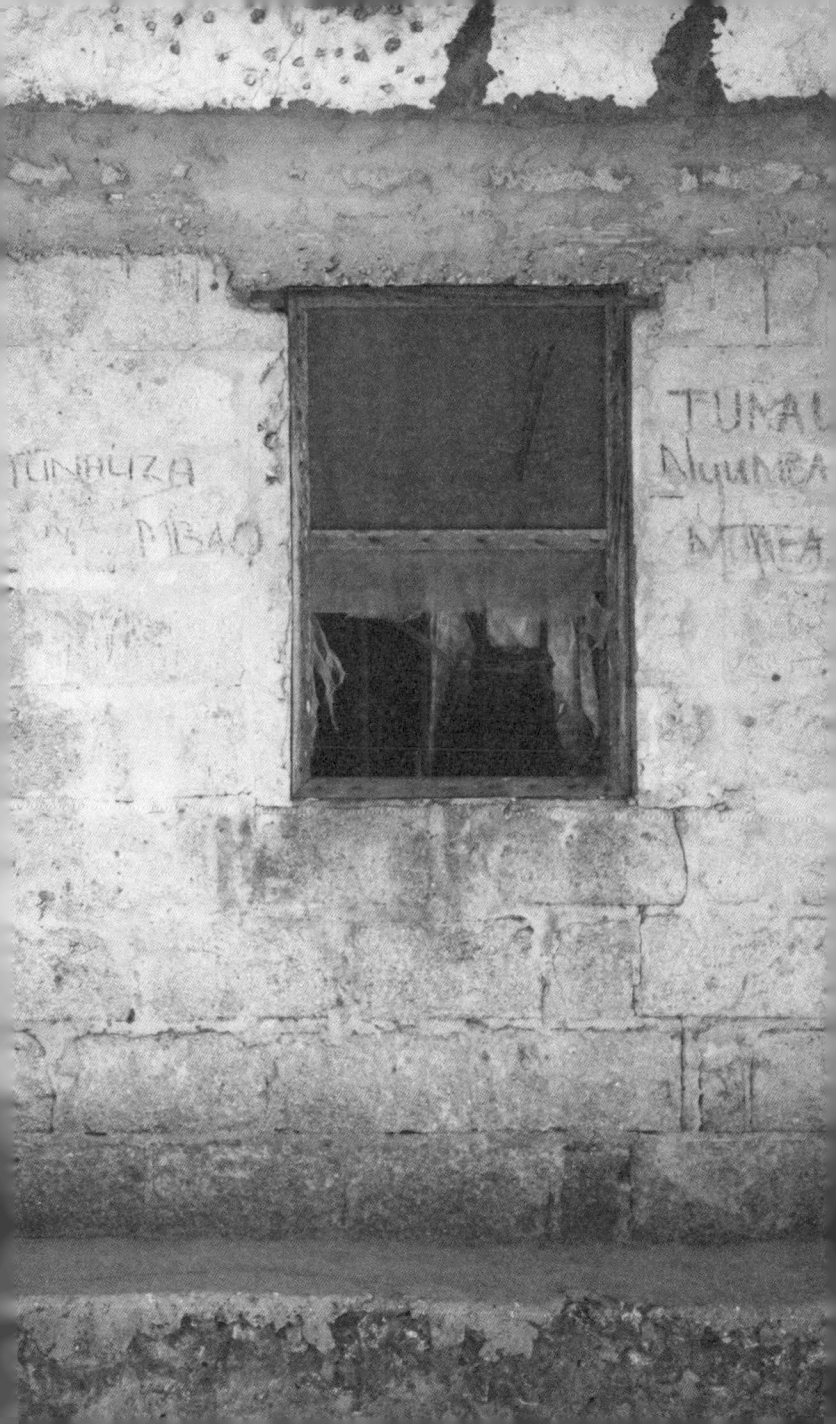

소 무의도 2019

처마 끝
시간들 사이로
내려온 햇살에
눈이 부시다

나른한 오후

삶과
사랑과
웃음이 있다

삶은 씨앗
사랑은 꽃
그 미소가 향기롭다

소 무의도에서
삼천 보를
걸으며

სო მუიდო *კუნძული 2019

სხვენის კიდეზე
დროს შორის
შემოსული მზის სხივი
თვალს მჭრის

მოდუნებული შუადღე

სიცოცხლე
სიყვარული და
სიცილი

სიცოცხლე თესლია
სიყვარული ყვავილი
ის ღიმილი კი სურნელოვანი

სო მუიდოზე
სამი ათას ნაბიჯს
ვდგავ

세 번의 멈춤과
열한 송이의 꽃을 피웠다

나는
지금 여기

꽃 속에
태양 아래
바람과 평화 안에 있다

저 아래
들리는 곳에서

파도가
모래에게 속삭인다

아무도
아무 의미도 없다고

სამჯერ შეჩერება

თერთმეტი ყვავილი აყვავდა

მე

ახლა აქ

ყვავილებს შიგნით

მზის ქვეშ

ქარსა და მშვიდობაში

იქ ქვემოთ

სადაც ხმა ისმის

ტალღა

ქვიშას ეჩურჩულება

არავის

და არაფერს მნიშვნელობა არ აქვს

სიცოცხლე

სიყვარული

და სიცილი

삶과

사랑과

웃음

그리고

아무것도 없다고

და
საბოლოოდ არაფერი

내 안의 우주
-데이비드 봄에게 바침

우주는
진동이며
투명하다

느린 진동의
보이는 우주가
눈앞에 펼쳐 있다

내 안에
빠르게 진동하는
보이지 않는 우주가 있다

몸은
만질 수 있는
보이는 우주다

생각은
만질 수 없는

ჩემში არსებული სამყარო
—დევიდ ბომისადმი მიძღვნილი

სამყარო
ვიბრაციაა
და გამჭირვალე

ნელი ვიბრაციის
ხილული სამყარო
თვალწინ იშლება

ჩემში
სწრაფი ვიბრაციის
სამყაროა

სხეული
შესახები
ხილული სამყაროა

보이지 않는 우주다

보이지 않는
우주가
보이는 우주를 만든다

라이트 형제의
보이지 않는 우주가
비행기를 만들었듯

콜럼버스의
보이지 않는 우주가
신대륙을 발견했듯

반 고흐의
보이지 않는 우주가
노란빛을 그려내었듯

აზრები
შეუხებელი
უხილავი სამყაროა

უხილავი
სამყარო
ხილულ სამყაროს ქმნის

როგორც ძმები რაითების
უხილავმა სამყარომ
თვითმფრინავი შექმნა

როგორც კოლუმბის
უხილავმა სამყარომ
ახალი კონტინენტი აღმოაჩინა

როგორც ვან გოგის
უხილავმა სამყარომ
ყვითელი შუქი დახატა

내 안에
태초의 창조자인
보이지 않는 우주가 있다

지금
내 안의 우주가
내 밖의
보이는 우주를 본다

그리고 이 글을 쓴다

ჩემში
თავდაპირველი შემოქმედი
უხილავი სამყაროა

ახლა
ჩემში არსებული სამყარო
ჩემს გარეთ
ხილულ სამყაროს უყურებს

და ამას წერს

마인드 게임 1Q86

눈을 감고
셋, 둘,
하나

머리 위
지붕이 열리고

깨어난 명상은
밤하늘에 올라

행성들 사이
검은 우주를 유영한다

613번째
초록별에 터치다운

레인보우 아치를
활강하여

გონების თამაში 1Q86

თვალებს ვხუჭავ
სამი, ორი,
ერთი

თავს ზემოთ
სახურავი იხსნება

გამოღვიძებული მედიტაცია
ღაძის ცა'ძი მაღლა მიიწყკს

პლანეტებს შორის
ბნელ სამყაროში დაცურავს

613-ე
მწვანე ვარსკვლავზე
დაშვება

ცისარტყელის თაღზე
სრიალით

돔형 벙커 앞에 내리자

미끄러지듯
문이 열린다

높고 둥근 천장 아래
무대와 스크린

길게 펼쳐진
오크 사각 테이블 건너

중앙 라운지체어
깊숙이 몸을 묻은 난

반대편 스크린 한 점을 보며
뇌파를 끌어내린다

5, 4, 3, 2 … 1

გუმბათის ფორმის ბუნკერის წინ გადმოვდივარ

სრიალით
კარი იხსნება

მაღალი მრგვალი ჭერის ქვეშ
სცენა და ეკრანი

გრძელი
მართკუთხა მაგიდის მიღმა

ცენტრალური ლაუნჯის სავარძელში
ღრმად ჩამჯდარი მე

მოპირდაპირე ეკრანის ერთ წერტილს ვუყურებ
და ტვინის ტალღებს ვამშვიდებ

5, 4, 3, 2... 1

171

무대 양쪽
셔터가 올라가며
문 뒤에 서 있는
두 사람이 발끝부터 보인다

존 레논과
아인슈타인

빛과 함께 걸어와
테이블 양편에 앉는다

왼편의
존에게 묻기를
예술은 순수인가요

존이 말한다

남겨질

სცენის ორივე მხარეს

დარაბები მაღლა იწევა

და კარს უკან მდგომი

ორი ადამიანი ტერფებიდან იწყებს გამოჩენას

ჯონ ლენონი

და აინშტაინი

სინათლესთან ერთად მოდიან

და მაგიდის ორივე მხარეს სხდებიან

მარცხნივ

ჯონს ვეკითხები

ხელოვნება სიწმინდეა?

ჯონი ამბობს

დარჩენილი

სამი სიწმინდე

სიკეთე უმოქმედობა

და მათ ქვეშ ხელოვნებაა

세 가지 순수는
선과 무위
그 아래 예술이라네

그 사이
아인슈타인

퍼플 글라스에
물안개가 피어나는
바알간 묘약을 만든다

달콤한
향에 취해
MC^2

노자와
차라투스투라
조르바를

ამასობაში
აინშტაინი

იასამნისფერ ჭიქაში
წყლის ორთქლით სავსე
წითელ ელექსირს ამზადებს

ტკბილი
სურნელით გაბრუებულნი
MC^2

ლაო ძი
ზარალუსტრა
და ზორბას
ვაზიარებთ

ტალღებად ქცეული
ლანდშაფტის ხმაში

გამოსამშვიდობებელ სიტყვებს
ვამბობ

나눈다

물결이 된
풍경 소리에

작별 인사를
하고

시간을 불러
초록별을 떠났다

은하의 스펙트럼과
구름의 밭을
지나

지붕 아래
몸체로 돌아온
나의 명상은

დროს ვუხმობ
და მწვანე ვარსკვლავს ვტოვებ

გალაქტიკების სპექტრსა
და ღრუბლების ველებს
გავდივარ

სახურავის ქვეშ
სხეულში დაბრუნებული
ჩემი მედიტაცია

სამი, ორი
ერთი

და კვლავ
ღრმა ძილში ვეფლობი

셋, 둘
하나

다시 깊은
잠에 든다

사랑이 떠오를 때

- 에크하르트 톨레에게 바침

초록 잎 사이로
갓 피어난

스물한 송이 여름꽃과
내가 있다

나를 보는 꽃이
나를 닮은 듯

꽃을 보는 나도
그대와 닮아

스물하나의
어린 사랑으로 떠오른다

지금 꽃 안에
그대가 있다

როცა სიყვარული იბადება

—ექჰარტ ტოლესადმი მიძღვნილი

მწვანე ფოთლებს შორის

ახლად აყვავებული

ოცდაერთი ზაფხულის ყვავილი

და მე ვართ

ყვავილი რომელიც მე მიყურებს

თითქოს მე მგავს

ყვავილის შემხედვარე მეც

თითქოს შენ გგევარ

ოცდაერთი წლის

ახალგაზრდა სიყვარული იბადება

ახლა ყვავილში

შენ ხარ

꽃 안의 그대 안에
다시 내가 있어

여름꽃은 피어
그대 안의 나를 찾고

그대와 난
아름다운

스물하나의 사랑이 되어
다시 떠오른다

어느 신비한
여름 아침에

ყვავილში მყოფ შენში
კვლავ მე ვარ

ზაფხულის ყვავილი იშლება
და შენში ჩემს თავს ვპოულობ

შენ და მე
მშვენიერ

ოცდაერთი წლის სიყვარულად ვიქცევით
და კვლავ ვიბადებით

ერთ იდუმალ
ზაფხულის დილას

이른 산수유

오므린 아기 손
조금씩 힘을 주며

애써 지은
여린 미소로 소곤대길

아무래도
조금 빨랐나

아직 이슬이
차가운걸

그렇게
노란 꽃은 피었다

마른 가지 끝
작은 창을 활짝 열고

ადრეული სანსუიუ

ბავშვის მოკუმული ხელი
ნელ-ნელა ძალას იკრებს

ბავშური
ღიმილით ჩურჩულებს

ალბათ
ცოტა ადრეა

ნამი ჯერ კიდევ
ცივია

ასე
ყვითელი ყვავილი აყვავდა

გამხმარი ტოტის ბოლოში
პატარა ფანჯარა ფართოდ იხსნება და

두 눈에
호기심 가득

봄을 찾아
두리번거린다

아직
목련도 벚꽃도 잠든

3월
이른 아침에

생명의 우주에
노란 꽃이 피었다

ცნობისმოყვარეობით სავსე
ორი თვალი

გაზაფხულს ეძებენ
აქეთ-იქით იყურებიან

ჯერ კიდევ
მაგნოლიას და საკურას სძინავთ

მარტის
ადრიან დილას

სიცოცხლის სამყაროში
ყვითელი ყვავილი აყვავდა

나는 나
- 캐럴 피어슨에게 바침

나는 나
도
모르게

홀로 외로이
여기에 와서

깊고도 푸른
방랑을 해오며

나도
모르는

나를 지키려
세상과 싸웠네

어떤 날

მე, მე ვარ

- კაროლ პირსონისადმი მიძღვნილი

მე
ჩემდა
უნებურად

მარტოდ მარტოსული
აქ მოვედი

ღრმა და ლურჯად
მოხეტიალე

ჩემთვისაც
უცნობ

თავის დასაცავად
სამყაროს ვებრძოდი

ერთ დღეს

나는 나
도
모르게

누군가를 사랑해
온 마음을 주었고

다른 날

나도
몰랐던

편견과 이기심에
아픈 상처도 주었네

언제나
마법 같은 세상은

მე

ჩემდა

უნებურად

ვიღაცის სიყვარულით

მთელი გული გავეცი

სხვა დღეს

ჩემთვის

უცნობი

განსჯითა და ეგოიზმით

ტკივილი მივაყენე

ჯადოსნური

სამყარო ყოველთვის

მაუწყებს შემდეგს

არ გაჩერდეო ამბობს

მაგრამ ახლა

멈추지 말라고
다음을 알려주지만

이제

나는 나
에게로
돌아가려 하네

아무것도 없고
아무런 의미도 의미없는

나는 나
도
모르는 그곳

영원한
물음표인

მე

ჩემ თავთან

ვბრუნდები

იქ სადაც არაფერია

სადაც თვითონ მნიშვნელობაც უმნიშვნელოა

მე

ჩემთვისაც

უცნობ ადგილას

მარადიული

კითხვის ნიშნივით

მე

ჩემში არსებულ სამყაროში

나인
나의 우주로

달빛 소리

깜깜한 밤바다를
내려다보렴

달빛 아래 비 맞은
파도가 일 때

잠든 조각배 하나
꿈을 꾸는 섬

텅 빈 가슴엔
밤의 노래가 들려

기억은 바람인 듯
춤을 추는데

눈을 거둬 살포시
창을 닫는다

მთვარის შუქის ხმა

ბნელ ღამის ზღვას
ქვემოთ ჩახედე

მთვარის შუქის ქვეშ წვიმით დასველებული
ტალღის ამაღლებისას

ერთი მძინარე ნავი
და კუნძული სიზმრებს ხედავენ

ცარიელ გულში
ღამის სიმღერა ისმის

მოგონებები თითქოს ქარია
ცეკვავენ

მზერა გადამაქვს
და ფანჯარას ნაზად ვხურავ

그저 여기에서

그저
여기에서

있다

느린
평화에서

미소를 바라보고

깨어난
가슴에서

맑게 투명한 시간

작은
마음으로
하늘 다감한 생각들이

უბრალოდ აქ

უბრალოდ

აქ

ვარ

ნელ

სიმშვიდეში

ღიმილს ვუყურებ

გამოღვიძებულ

გულში

სუფთა გამჭირვალე დრო

პატარა

გულით

ცაზე გრძნობებით სავსე ფიქრები

여린
호흡 따라
신비로 사라진다

고요하다

의식 속
깊어간 의식에서

숨 쉬다 흔들다

다시
사라진 지금

난

그저
여기에서

ნაზ

სუნთქვას გაყოლილი

იდუმალებაში ქრება

სიმშვიდე

ცნობიერებაში

გაღრმავებული ცნობიერება

სუნთქავს ირხევა

კვლავ

გამქრალი ახლა

მე

უბრალოდ

აქ

ვარ

있다

오후 4시

유리벽 창틀
크작은 나무
옆모습 사람
검정 자동차

바람 젖은비
아스콘 바닥
불꺼진 책방
매달린 글씨

노오란 블랙
덧없는 戀心
슬픈 종이컵
읊조린 노래

შუადღის 4 საათი

მინის კედლის ჩარჩო

დიდი პატარა ხეები

ადამიანის პროფილი

შავი მანქანა

ქარით დასველებული წვიმა

ასფალტის ზედაპირი

ჩამქვრალი წიგნის მაღაზია

დაკიდებული წარწერა

ყვითელი შავი

ამაო სიყვარულის გრძნობა

მოწყენილი ქაღალდის ჭიქა

ჩურჩულით ნამღერი სიმღერა

아침 생각

아무런 약속이 없는
투명한 아침에

음악의 시냇물을 길어
느린 커피를 내려요

지금 여기
깨어나
숨 쉬는 아침 생각은

영혼의 호수에
느린 우주를 비추다가

꽃잎 사이
바람에 실려온 사랑

미소 띤
평화가 되어

დილის ფიქრები

ყოველგვარი გეგმის გარეშე
გამჭირვალე დილას

მუსიკის ნაკადულიდან წყალს ვიღებ
და ნელ ყავას ვამზადებ

ახლა აქ
გამოღვიძებული
მსუნთქავი დილის ფიქრები

სულის ტბაზე
ნელ სამყაროს ირეკლავენ

ყვავილის ფოთლებს შორის
ქარის მოტანილი სიყვარული

გაღიმებულ
მშვიდობად

고요 속으로
조금씩 스며듭니다

남겨진 미련도 없는

가난한
아침 생각은

햇살에 녹아
명상 속으로 사라집니다

სიჩუმეში

იჟღინთება

სინანულის გარეშე

უბრალო

დილის ფიქრები

მზის სხივებში დნება

და მედიტაციაში ქრება

끝은 시작

며칠 사이
사라져간
꽃잎들 때문이겠죠

노랗게 변해가는
잎사귀들 시린 가슴에
가을이 쏟아져요

마른 그늘
잠이 깬 어린잎들의
설은 미소가 안쓰럽지만

아침 햇살 보며
봄인 줄 아는 천진함에
마음이 녹아 피식 웃고 맙니다

다가올
계절을 알기나 하는지

დასასრული დასაწყისია

რამოდენიმე დღის განმავლობაში
გამქრალი
იქნებ ყვავილის ფურცლების გამოა

გაყვითლებული ფოთლების
გაყინულ გულზე
შემოდგომა ილვრება

გამხმარი ჩრდილის ქვეშ
გამოფხიზლებული ნორჩი ფოთლების
სუსტი ღიმილი სამწუხაროა მაგრამ

დილის მზის შემხედვარე
გაზაფხულად რომ ეჩვენებათ
მათი სისუფთავე გულს მითბობს და უნებურად მეღიმება

ნეტავ თუ იციან
რომელი სეზონი მოდის

제일 작은 잎이
방긋거리며 대답하네요

걱정 말아요

전날에 달님이
알려주었어요

계절이
오고 가도

언제나 지금은
계절이 아니랍니다

ყველაზე პატარა ფოთოლი
ბავშური ღიმილით მპასუხობს

ნუ ღელავ

გუშინ
ბატონმა მთვარემ გვითხრა

სეზონი
მოვა თუ წავა

ყოველთვის ახლა
სეზონი არასდროსაა

고독이 필 때

생각은
시간을 비우고

하얀 새
등에 올라

사색의
바다로 떠났다

남겨진

시간은
기억을 지우다

새벽
하늘을 데려와

마음의

როცა მარტოობა ყვავის

ფიქრი
დროს ანთავისუფლებს

თეთრი ფრინველის
ზურგზე ადის

და ღრმა ფიქრების
ზღვაში მიემგზავრება

დარჩენილი

დრო
მოგონებებს შლის

განთიადის
ცა მოაქვს

გონების
ცარიელ ოთახს ავსებს

빈 방을 채우는데

나는

고운
바람을 타고

돌아올
내 님을 기다려요

고독은
화수분처럼

더운
가슴을 열고

여린 잎
감아올리며

მე

მსუბუქ
ქარს მივყვები

დაბრუნებულ
ჩემ სიყვარულს ველოდები

მარტოობა
როგორც უშრეტი წყარო

ცხელ
გულს ხსნის და

ნაზი ფოთლის
კვირტებს შლის

ყვავილების
აყვავებას ცდილობს მაგრამ

მარტოობის
აყვავებისას

꽃을
피우려 하지만

고독이
필 때

난 다시
그댈 생각하고

구름이
되어

그런
나를 바라보네

მე ისევ
შენზე ვფიქრობ

ღრუბლად ვიქცევი

ასეთ
ჩემს თავს ვუყურებ

형상과 본질

형상 속
나는
언제나
열등하거나 우월하다

찰나

삶의
본질이 나를 깨울 때
우월과 열등은
사라지고

이런 깨달음에
깨어있어
그 신비
안에 머무르면

순수의

ფორმა და არსი

ფორმაში
მე
ყოველთვის
ნაკლები ან მეტი ვარ

წამი

როდესაც ცხოვრების არსი
მაღვიძებს
უპირატესობა და ნაკლოვანება
ქრება

ამ განცდის
გაცნობიერებულ
საიდუმლოებაში
ყოფნისას

자존과
겸손이 눈을 뜨네

형상 안에서
대립하던
자존과 겸손

본질 속에서
하나 되어

잡히지 않는
구름과 바람의
힘으로

날
높은 곳으로
데려가다

სისუფთავის
თვითშეფასება და
თავმდაბლობა თვალს ახელს

ფორმის შიგნით
დაპირისპირებული
თვითშეფასება და თავმდაბლობა

არსის შიგნით
ერთიანდება

მიუწვდომელი
ღრუბლებისა და ქარის
ძალით

მე
მაღალ ადგილას
მივყავარ

ისიც

მტვერივით

그 또한

먼지처럼

의미와
함께 사라진다

애초부터
난
없던 것을

მნიშვნელობასთან ერთად
ქრება

თავიდანვე
მე
არც არასდროს ვარსებობდი

언제까지나

홀로일 때
보이는
그대가 있다

잠들지 않는
고독의
시간을 지나

마르지 않는
그리움이
어깨를 접을 때

언제나

그대는
내 곁에 있다

보이지 않고

სამუდამოდ

როდესაც მარტო ვარ
შენ
გხედავ

უძინარი
მარტოობის
დროის გავლით

როდესაც
უშრეტი
მარტოობა მხრებს ხრის

ყოველთვის

შენ
ჩემს გვერდით ხარ

არ ჩანს
და არც ისმის

들을 수 없어도

안개꽃처럼
피어오르는
바람 같은 속삭임

나의 그대인 사랑이여

영혼 깊은 곳
살아 숨쉬는

이전에도
지금도

그리고
아무 데도

언제나

ნისლის ყვავილივით
ამომავალი
ქარის ჩურჩულივით

შენ ჩემი სიყვარული

სულის სიღრმეში
ცოცხალი და მსუნთქავი

ადრეც და
ახლაც

და
არსად

ყოველთვის
სამუდამოდ

언제까지나

바람과 햇살과 6월

그 바람이
멈추자

6월의
햇살 사이를

떠다니던
생각 위로

잔잔한
물결이 일었다

책을 덮고
눈을 감는다

아이들 뛰어노는
우주가 숨을 쉬고

ქარი მზის სხივი და ივნისი

როდესაც ის ქარი
შეჩერდა

ივნისის
მზის სხივებს შორის

მოტივტივე
ფიქრებზე

წყნარი
ტალღა ადიდდა

წიგნს ვხურავ და
თვალებს ვხუჭავ

ბავშვების სირბილ თამაშით სავსე
სამყარო სუნთქავს

숨결 사이 나비 같은
평화가 춤을 추네

바로
그 오후에

나는
그를 보았고

그리고
그는

한 줄기
내가 되었다

სუნთქვებს შორის პეპლებივით
მშვიდობა ცეკვავს

სწორედ
იმ შუადღეს

მე
ის ვნახე

და
ის

ერთი სხივი
მე გავხდი

그네가 있는 바다 풍경

봄날 같은
겨울 오후

그네에 앉아
바다를 본다

등대와
작은 바위섬

멀어지는
파도 소리

깨어 있는 나
그리고

그네가 있는
바다 풍경 너머

საქანელიანი ზღვის ხედი

გაზაფხულის მსგავსი

ზამთრის შუადღე

საქანელაზე მჯდომი

ზღვას ვუყურებ

შუქურა და

პატარა კლდოვანი კუნძული

შორს მიმავალი

ტალღების ხმა

გამოღვიძებული მე

და

საქანელიანი

ზღვის ხედის მიღმა

시간 속에
그대가 있다

그래서
지구가 돈다

바람이
길을 떠나고

파도가
모래 위를 구른다

그대 같은
겨울 바다

해변
그네 위에서

დროში

შენ ხარ

ამიტომ

დედამიწა ბრუნავს

ქარი

გზას ტოვებს

ტალღები ქვიშაზე

ბრუნავენ

შენსავით

ზამთრის ზღვა

სანაპიროს

საქანელაზე

기차역

기차가
플랫폼에 들어와
소리 내어
멈출 때까지

바다색
기억들에
옅은 미소를 보냈다

그리고
잠을 깬 듯

사람들
사이를 비집고
기차에 올랐다

멀리
어촌 마을 너머

მატარებლის სადგური

მატარებელი
ბაქანზე შემოდის
ხმაურით
ჩერდება

ზღვისფერ
მოგონებებს
ნაზი ღიმილი გავუგზავნე

და შემდეგ
თითქოს სიზმრიდან გამომღვიძული

ხალხს
შორის გავძვერი
და მატარებელში ავედი

შორს
მეთევზეთა სოფლის მიღმა

금빛 모래밭에
하얀 파도가 춤을 추는데

이제
돌아가지 않으리

기차는
또 다른 역을 향해
처음인 듯 움직인다

흔들리던
기차가 속력을 더하며
구름 위로 오르자

창밖
연한 하늘에
파란 낮달이 떴다

ოქროსფერ ქვიშის მდელოზე
თეთრი ტალღები ცეკვავენ

ამ წუთიდან
უკან აღარ დავბრუნდები

მატარებელი
შემდეგი სადგურისკენ
თითქოს პირველად მიდის

მოქანავე
მატარებელი სიჩქარის მატებით
ღრუბლებს ძილმა აცლის

ფანჯრის მიღმა
ნათელ ცაზე
დღის ლურჯი მთვარე გამოჩნდა

바람의 언덕 2019

그때
눈동자 속으로
뭉게구름이 들어와

노란
마음 벽에
둥근 창이 열렸다

11층
커튼 너머
겨울 바다를 보다가

32미터
발코니 아래로
노란 기억을 떨어뜨렸다

G층
정원에서

ქარის ბორცვი 2019

იმ დროს
თვალებში
რბილი ღრუბელი შემოიჭრა

ყვითელი
გულის კედელზე
მრგვალი ფანჯარა გაიღო

მე-11 სართულზე
ფარდებს მიღმა
ზამთრის ზღვის შემხედვარემ

32 მეტრის სიმაღლიდან
აივნის ქვეშ
ყვითელი მოგონება დავაგდე

G სართულზე
ბაღში
მოგონებებს ვეძებდი და ზღვას გავხედე

기억을 찾다 바다를 보니

모래밭
나무 의자에
하얀 가면 하나가 놓여 있다

별밤
불꽃놀이
파도 소리를 들으며

황금
카펫이 깔린
은빛 해변을 걸었다

암전
브레이크다운
10분 전

ქვიშის მინდორი

ხის სკამზე

ერთი თეთრი ნიღაბი დევს

ვარსკვლავებიანი ღამე

ფეიერვერკი

ტალღების ხმის სმენით

ოქროს

ხალიჩა გაფენილ

ვერცხლისფერ ქვიშაზე გავიარე

ჩაბნელება

breakdown

10 წუთით ადრე

ცნობიერება

დაბინდული

როლერკოსტერით მაღლა ავედი

კლდის გავლით

ზღვის ქვეშ გავცურე

და უცნობ კუნძულს მივაღწიე

의식이

아득해지는

롤러코스터 타고 하늘에 올라

절벽을 타고

바다 밑을 지나

미지의 섬에 도착했다

외길

매머드를 피해

3, 4킬로미터를 달려가니

섬과

바다와

구름 속

명상에 잠긴

무릉도원이 나를

ერთმხირვ გზაზე
მამონტებს გვერდი ავუარე
3, 4 კილომეტრი გავირბინე

კუნძული და
ზღვა და
ღრუბლებში

მედიტაციაში ჩაძირული
სამოთხის ბაღი
მიყურებს

სიზმრიდან
გამოღვიძებული
ვინც მიყურებდა მე ვიყავი

바라본다

꿈에서
깨어나니
보는 자는 나였네

마지막 가을

차창
너머
눈발 구름과
마른나무
가지 위
매달린
나뭇잎을
보았다

난
길가에
차를 세우고
의자를
눕혀
선루프 너머로
사진을
찍는다

ბოლო შემოდგომა

მანქანის ფანჯრის
მიღმა
თოვლის მდელო ღრუბლები და
გამხმარი ხის
ტოტებზე
დაკიდებული
ფოთლები დავინახე

მე
გზის პირას
მანქანას ვაჩერებ
სკამს
უკან ვწევ და
ჭერის ფანჯრიდან
სურათს ვიღებ

아직

높다란

오후

한산한

보도블록 위로

작은

몸짓을

남기며

떨어지는

나뭇잎의

졸업식

난

스산한

마음에

먹먹한

눈동자를

달래어

ჯერ კიდევ
გრძელი
შუადღე
ცარიელ
ბილიკზე
პატარა
მოძრაობით
ჩამოცვენილი
ხის ფოთლების
გამოსაშვები ცერემონია

მე
სევდიან
გულში
დამძიმებულ
თვალებს
ვამშვიდებ

ბოლო
შემოდგომის
გაშლილ ღრუბლებზე
მოკლე
გამოსამშვიდობებელ წერილს ვწერ

마지막

가을

드넓은 구름 위에

짧은

이별의

편지를 쓴다

컬러 마이 월드

저 빛이
시간의 붓으로
내 작은 세상에
색을 입힐 때

노랑
은행잎과
빨강 담쟁이

그리고
파란 하늘이
태어났다

나는
그 생명의 물감으로
내 작은 우주에
그림을 그리고
색을 입힌다

ქოლორ მაი უორლდ

როდესაც ის სინათლე
დროის ფუნჯით
ჩემს პატარა სამყაროს
აფერადებს

ყვითელი
გინკოს ფოთლები
წითელი სურო

და
ლურჯი ცა
იბადება

მე
ამ სიცოცხლის საღებავებით
ჩემს პატარა სამყაროზე
ნახატს ვხატავ
და ვაფერადებ

하늘색
평화 위에
그려진

은행잎과
담쟁이가
있는 설렘

빛이
세상에
그러하듯이

나는
내 안의 우주에
자연의
색을 입힌다

그리고

ცისფერ
მშვიდობაზე
დახატული

გინგკოს ფოთლები და
სუროს
აღტაცება

სინათლე
სამყაროს მიმართ
ასეთია

მე
ჩემ შინაგან სამყაროს
ბუნების
ფერებით ვაფერადებ

და

მე
ნელ-ნელა
შემოდგომას ვემსგავსები

나는

조금씩

가을을 닮아간다

도쿄, 2013 여름

아무 일 없던 날
비가 내리고
거리에 바람이 불던 날

길모퉁이 편의점에서
하얀 우산을 사니
구름 사이로 햇살이 비친다

해 뜨고
바람 불고
비 내리고

참 이상한 날이다
아무 일 없이 나선 이 길
이토록 설렐 줄이야

ტოკიო, 2013 ზაფხული

დღეს როცა არაფერი ხდებოდა
წვიმდა
ქუჩაში ქარი უბერავდა

ქუჩის კუთხის მაღაზიაში
თეთრი ქოლგა ვიყიდე
ღრუბლებს შორის მზის სხივი იჭრება

მზე ამოდის
ქარი უბერავს
წვიმს

უცნაური დღეა
ასე უბრალო
მაგრამ ასეთი ამაღელვებელია

하늘, 구름, 햇살, 강물, 바람, 나무 그리고 Oneness

하늘이 참 좋아서
구름이 하얀 날에

맑게 갠 마음 위에
고운 님을 그려봅니다

햇살이 참 좋아서
강물이 파아란 날에

보드라운 물결 위에
정든 님을 그려봅니다

바람도 참 좋아서
나뭇잎이 웃는 날엔

실바람에 눈을 감고
그리운 님에게 날아갑니다

ცა, ღრუბელი, მზის სხივი, მდინარე, ქარი, ხე და ერთობა

დღეს როცა ცა ნათელია და
ღრუბლები თეთრი

სუფთა გონებაში
შენს მშვენიერ სახეს ვხატავ

დღეს როცა მზის შუქი მშვენიერია და
მდინარე ლურჯი

ნაზ ტალღებზე
ჩემთვის ძვირფას შენს სახეს ვხატავ

დღეს როცა ქარიც მშვენიერია და
ფოთლები იღიმიან

მსუბუქ ქარში თვალებს ვხუჭავ
და მონატრებულ სიყვარულთან მოვფრინავ

그려지면 사라지는
하나인 내 님 모습은

오늘

하늘과 구름과
햇살과 강물
그리고
바람과 나무입니다

დახატვისას გამქრალი
ერთიანი შენი ხატება

დღეს

ცა და ღრუბელი
მზის სხივი და მდინარე
და
ქარი და ხეები შენ ხარ

아즈라엘에게

고즈넉한 5월 오후
따순 햇살에 지그시 눈을 감고
그대를 생각하오

넓은 들녘에 홀로 핀
사랑 가득 머금은 예쁜 야생화

나의 첫 기억이오

그때도 5월이었나
교문 앞 서성이던 나를 부르는 소리
생각나오?

버스에서 내려
손을 흔들며 달려오던 그대

하늘거리는 머릿결 위로
맑고 평화로운 햇살을 가득 안고

აზრაელს

მშვიდი მაისის შუადღე
თბილ მზის სხივებში თვალებს ნაზად ვხუჭავ და
შენზე ვფიქრობ

ფართო მინდორზე მარტოდ აყვავებული
სიყვარულით გაჟღენთილი ლამაზი ველური ყვავილი

ჩემი პირველი მოგონებაა

იმ დროსაც მაისი იყო?
სკოლის კართან მოუსვენრად მდგომმა შენი ხმა რომ
გავიგე
გახსოვს?

ავტობუსიდან ჩამოსული
ხელის ქნევით ჩემსკენ მომავალი შენ

ნაზად მოძრავი თმის ზედაპირი
სუფთა და მშვიდობით სავსე მზის სხივებს ირეკლავდა

우리는 교정에서 만났소

밤별 같던 우리의 이야기들
여름방학 같던 그대 어린 눈빛…

구름처럼
세월이 많이 흘렀소

고맙소

나의 아즈라엘
나처럼 행복하오?

사랑하오 아즈라엘
내 사랑이 무겁지는 않소?

미안하오
나도 내가 무겁소

ჩვენ სკოლის ეზოში შევხვდით

ჩვენი ისტორიები როგორც ღამის ვარსკვლავები
შენი ბავშური თვალები როგორც ზაფხულის
არდადეგები...

ღრუბლებივით
ბევრმა დრომ გაიარა

მადლობა

ჩემო აზრაელ
ჩემსავით ბედნიერი ხარ?

მიყვარხარ აზრაელ
მძიმეა ჩემი სიყვარული?

მაპატიე
ჩემთვისაც მძიმე ვარ

დიდი და პატარა სინანული რომელიც
სიყვარული გვეგონა ამაოებაა

사랑인 줄 알았던
크작은 미련들의 덧없음

이제는 조금씩 알아가오

사랑을 비우고
그대를 다시 보려 하오

들녘에 핀 야생화 그대
나의 아즈라엘

홀로인 세상
함께하여 행복하오

혹시 다음 생에 만나면
서로 바꿔보면 어떻겠소?

싫다 할 줄 알았소

ახლა ნელ-ნელა ვხვდები

სიყვარულის დაცარიელებით
შენ ხელახლა დანახვას ვცდილობ

მინდორზე აყვავებული ველური ყვავილი
ჩემო აზრაელ

მარტოობის სამყაროში
შენთან ყოფნა მაბედნიერებს

თუ შემდეგ სიცოცხლეშიც ერთმანეთს შევხვდებით
ადგილები რომ შევცვალოთ?

ვიცოდი რომ უარს მეტყოდი

არაუშავს

როდესაც წამი მარადიულია
მარტოობა ერთობად გარდაიქცევა

괜찮소

순간이 영원일 때
홀로가 함께의 하나임을

그렇듯
한 마리 새가 되어
들녘에 핀 야생화 그대를 바라보오

언제까지나

나의 아즈라엘
나의 아내, 나의 연인

ასე

ჩიტად ვიქეცი

და მინდორზე აყვავებულ ველურ ყვავილს გიყურებ

სამუდამოდ

ჩემი აზრაელი

ჩემი მეუღლე ჩემი სიყვარული

시를 쓸 때

시가
나를 쓴다

때로는
바람 소리로

어제는
별이었다가

지금 여기
꽃의 진동으로

나를 깨우네

그리고
눈동자 깊은 곳에서

삶의

პოეზიის წერისას

პოეზია

მე მწერს

ხანდახან

ქარის ხმით

გუშინ

ვარსკვლავი იყო

ახლა აქ

ყვავილის ვიბრაციით

მე მალვიძებს

და

თვალის გუგის სიღრმეში

ცხოვრების

სუნთქვით

숨결로

나를 그린다

"내가
쓰지 않았다네
가슴은
받아쓰기만
했을 뿐"

시가
쓰여질 때

의식의
창이 열리고

시는
나를 쓴다

მე მხატავს

"მე
არ დამიწერია
უბრალოდ
გულმა გადმოწერა"

როცა პოეზია
იწერება

ცნობიერების
ფანჯარა იხსნება და

პოეზია
მე მწერს

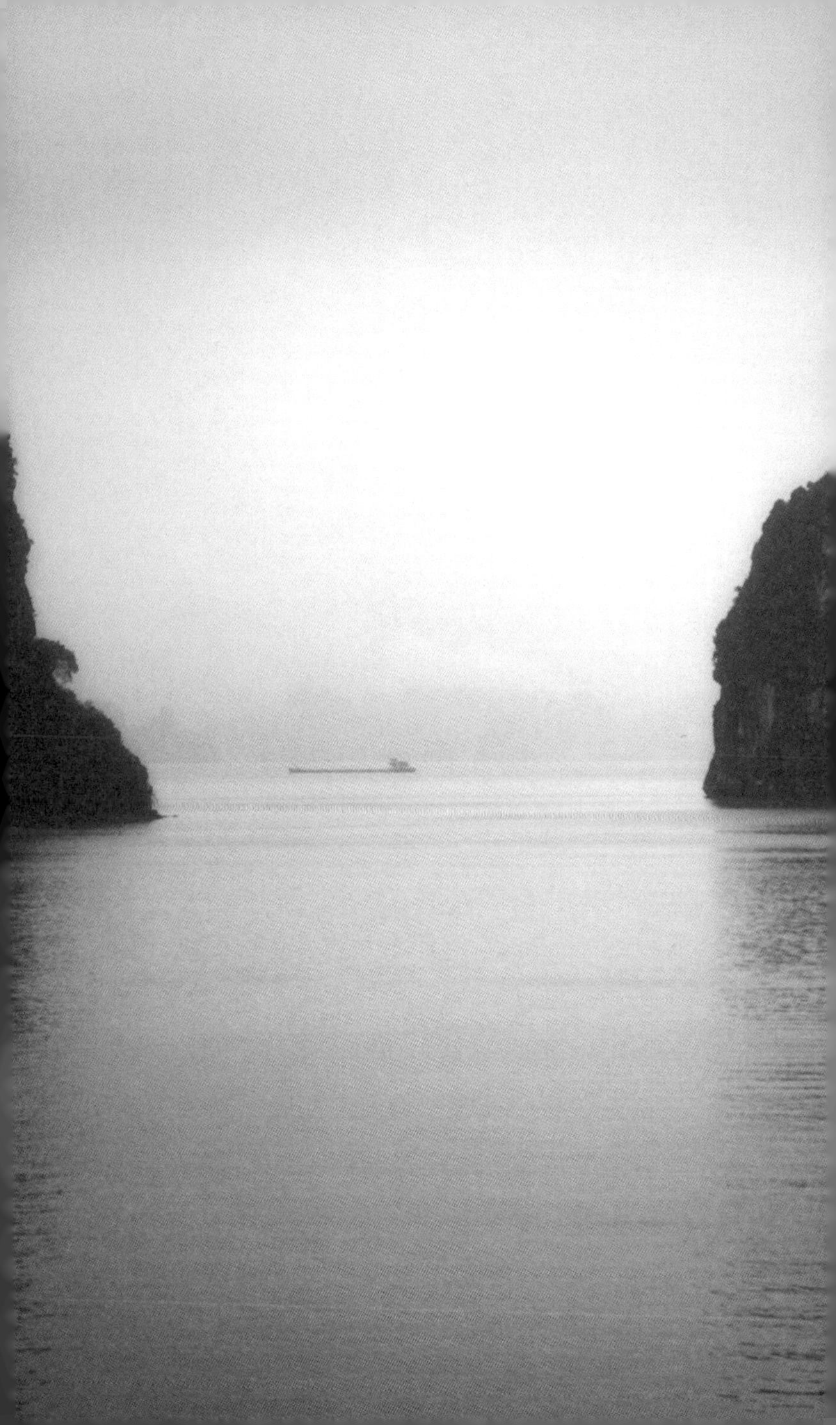

추천의 글

두 개의 삶, 하나의 이야기

이충현(영화감독)

무심코 시를 읽다가 사진 속 광활한 대자연과 맞닥뜨리고 정체 모를 울컥함을 느낀다. 두 작가가 바라보는 세상은 더없이 순수하구나. 잠시 일상을 잊고 시인이 보여주는 세상에 빠져든다. 가끔 만나는 모호한 구절들도 나만의 해석과 상상을 자극한다. 의도한 바는 아닐지 모르나, 마쇼의 사진은 양재현의 시가 말하고자 하는 인간과 자연의 무한함을 대변하는 듯하다. 곧잘 등장하는 자연적 진리와 사진의 이미지가 교묘하게 어울리고 조화롭다. 이것도 운명이라면 운명이고, 모든 예술과 인연은 우연이 주는 선물이라는 생각마저 든다.

알아들을 수 없는 조지아어이지만, 지구 반대편의 누군가가 나와 같은 감정을 나누고 있으리라는 생각에 시를 읊는 것 자체가 소통처럼 느껴진다. 시와 사진을 번갈아 바라볼 때 잡념이 사라지며 어떠한 진공 상태를 느낀다. 양재현과

마쇼 켈라슈빌리라는 두 개의 삶이 만나 완성하는 이야기는 흡사 처음부터 하나의 방향이었던 것처럼 너무나 절묘하다.

인간은 누구나 여러 가지 얼굴을 가지고 있다. 시인 또한 사업가이자 누군가의 남편이고 아이들의 아버지이며, 무엇보다도 자연 속의 한 인간이다. 그는 이 찰나의 순간들을 흘려버리지 않고 언어로 새겼다. 예술의 순수성을 사랑하고 삶의 의미를 탐색하는 이 한 권의 시집에 박수를 보낸다. 언젠가 꼭 조지아에서 영화를 찍어보고 싶다는 생각이 들게 하는 책이다.

ორი ცხოვრება, ერთი ამბავი

ი ჩუნგპიონ(რეჟისორი)

გაუცნობიერებლად ვკითხულობ ლექსს და ვაწყდები უზარმაზარი ბუნების ფოტოს, რომელიც უცნაურ ემოციურ მღელვარებას მიჩენს. ორი ავტორის თვალით დანახული სამყარო ულევად სუფთაა. დროებით ვივიწყებ ყოველდღიურობას და ვიძირები იმ სამყაროში, რომელსაც ისინი მაჩვენებენ. ზოგჯერ ბუნდოვანი ფრაზებიც კი იწვევს ჩემს წარმოსახვასა და ინდივიდუალურ ინტერპრეტაციას. შესაძლოა, ეს განზრახ არ ყოფილა, მაგრამ მაშო ხელაშვილის ფოტოების გავლენით გრძნობ, რომ ისინი გამოხატავენ ადამიანის და ბუნების უსასრულობას. ლექსებში ხშირად გამოჩენილი ბუნების ჭეშმარიტება და ფოტოები ოსტატურად ერწყმის ერთმანეთს. შეიძლება ესეც ბედისწერაა, და ყველა ხელოვნება და კავშირი, რაც

ჩვენს ცხოვრებაში ჩნდება, სწორედ შემთხვევითობის საჩუქარია.

მიუხედავად იმისა, რომ ქართული ენა ჩემთვის გაუგებარია, მაინც მგონია, რომ დედამიწის მეორე მხარეს ვიღაც ჩემი მსგავსი ემოციებითაა მოცული, და ამ ფიქრის გამო თავად ლექსების კითხვა კომუნიკაციის მსგავს შეგრძნებას მიჩენს. ლექსებსა და ფოტოებს მონაცვლეობით ვუყურებ და ამ დროს ყოველგვარი ზედმეტი ფიქრი ქრება, თითქოს ვაკუუმში ვიმყოფები. ორი ცხოვრება – იანგ ჯე ჰიონი და მაშო ხელაშვილი – საოცრად ერწყმის ერთმანეთს, თითქოს მათი გზები თავიდანვე ერთი მიმართულებით მიდიოდა.

ყველა ადამიანს აქვს რამდენიმე სახე. პოეტი ბიზნესმენია, ვიღაცის ქმარი, შვილების მამა და, რაც მთავარია, ბუნების ნაწილი. ავტორმა ეს მომენტები არ გაუშვა და ისინი სიტყვებით აღბეჭდა. ვულოცავ ამ პოეტურ კრებულს, რომელიც გამოხატავს ხელოვნების სიწმინდესა და სიცოცხლის მნიშვნელობის ძიებას. ეს ისეთი კრებულია, რომელიც გაფიქრებინებს, რომ ერთ დღეს საქართველოშიც აუცილებლად გადაიღებ ფილმს.

선명하고 감각적인 암호

신진호(시인)

시인의 몸은 가볍다. 그래서 공간을 자유롭게 오간다. 50미터 상공에서 지상으로, 지상에서 새들과 구름, 그 위를 날아가는 비행기까지. 학동 사거리에서 모나코 해변, 몬테카를로로 이어지는 공간의 이동은 자연스럽지만, 그 속도가 하도 빨라 형태는 다 뭉그러지고 남는 건 몇 가지 색뿐이다. 초록 넥타이와 노란 택시와 푸른 밤이 시인의 '조지아 딸' 마쇼 켈라슈빌리의 흑백사진과 대비되어 한층 선명해진다. 너무 빠른 속도는 때로 독자를 힘들게 한다. 그런 면에서 양재현은 친절한 시인은 아닌 듯하다. 그런데 묘하게도 사랑을 말할 때는 속도가 느려지고 정지되기까지 한다. 그 정지된 순간이 바로 시인이 말하는 '시간'이다. 예를 들면, "하늘의/ 별"이 그렇다.

시인의 시선은 입체적이다. 최소한 양방향적이다. 바깥에서 안을 보고 안에서 바깥을 본다. 바깥의 내가 내 안의 나를 본다. 안과 바깥이 만나는 곳에서 이미지들은 산산이 부서지고 다른 시간, 다른 공간에서 재조립된다. 곳곳에 등장하는 묘사들은 무릇 해체적이다. "하늘이 새들을 노래"하고, "낙엽이 길 옆을 걷"고, "나무가 낙엽을 내려다본다". "거리가 비옷을 입고" 있고, "우산이 신호등을 기다린다". "어제는 바람이 불까"는 무슨 뜻일까. 과거와 미래가 혼재된 시인의 시선에서 파블로 피카소의 입체주의가 떠오른다. 시인은 모른 척, "구름 위로/ 산이/ 지나가네" 하고 천연덕스럽게 이야기한다.

시인의 묘사는 또한 대단히 감각적이다. "떨어지는/ 나뭇잎의/ 졸업식"을 보자. 시인은 졸업이 곧 끝이라는 등치를 말하지만, 앞에서 말했듯 "나무가 낙엽을 내려다보는" 의식의 기저에는 시작의 의미가 숨어 있기도 하다. 그의 묘사는 "여름방학 갔던 그대 어린 눈빛"에서 백미를 이룬다. 나는 그 눈빛의 대상을 짐작한다. 짐작만 한다. 내 짐작이 맞다면 시인은 성공한 것이다. 왜냐하면 나 역시 100퍼센트 동의하니까.

"따스발가스름", "파도모래스름"… 적어도 내게 시인의 묘사는 너무나 사실적으로 다가온다. 그래서 주변의 모든 것을 없애버리고 묘사만 남는다. 시인이 꼭 그것을 말하려고 한 것은 아닐 텐데, 그래서 문제다. 묘사가 너무 선명하면 본질은 사라져버린다. 시인은 끊임없이, 정말 끊임없이 관

조한다. "시간 따라간 생각들은/ 여기를 바라보지 않아" "지금 저 파도는/ 그 파도가 아니란 생각에// 바다에 가면 바다가 없다"고 말하는데, 과연 끊임없는 관조의 결과가 아닐까. 그는 "내 안의/ 하늘인 나", "그인 내가/ 나인 그를", "내 안의 우주", "내 밖의/ 보이는 우주" 그리고 "애초부터/ 난/ 없"었다고 말한다. 그러고는 "나는/ 내가 아닌 곳으로" 떠나면서 "나도 (그런) 내가 무겁소"라고 읊조린다. 그러나 끝내 "삶은 언제나 상상 이상으로 아름"답다고 적는다.

곳곳에 등장하는 숫자를 수반한 암호들도 흥미롭다. "1036송이", "33번의 노크", "25번째/ 시계종 소리", "세 번의 멈춤", "열한 송이의 꽃", "613번째/ 초록별", "스물한 송이 여름꽃"… 도무지 이 암호들을 풀 길이 없다. "여름방학 같던 그대 어린 눈빛"의 주인공은 알까? 어쩌면 시인은 무대 뒤에서 관객의 표정을 살피고 있을지도 모른다.

여기 내가 오래전에 쓴 시를 슬쩍 넣어본다.

시는,
한번에 읽히는 풍경
음험한 노출
끊임없는 암호, 펄럭이는 빨래 같은

이윽고 시집을 덮으니 영화처럼 엔딩 크레딧이 올라간다.

사랑하는

나의
조지아 딸

하늘의
별

마쇼 켈라슈빌리

ნათელი და გრძნობებით სავსე კოდი

შინ ჯინჰო(პოეტი)

პოეტის სხეული მსუბუქია. ამიტომ ის სივრცეში თავისუფლად გადაადგილდება. 50 მეტრის სიმაღლიდან მიწაზე, მიწიდან ფრინველებსა და ღრუბლებამდე, და მათ ზემოთ მფრინავ თვითმფრინავებამდე. ჰაკდონგის გზაჯვარედინიდან მონაკოს სანაპირომდე და მონტე-კარლომდე მიმავალი სივრცითი გადაადგილება ბუნებრივია, მაგრამ სიჩქარე იმდენად მაღალია, რომ ფორმები მთლიანად იშლება და მხოლოდ რამდენიმე ფერი რჩება. მწვანე ჰალსტუხი, ყვითელი ტაქსი და ლურჯი ღამე პოეტის „ქართველი შვილი“, მაშო ხელაშვილის შავთეთრ ფოტოს ფონზე უფრო მკაფიო ხდება.

ზედმეტად მაღალი სიჩქარე ზოგჯერ მკითხველისთვის

დამღლელია. ამ თვალსაზრისით, იანგ ჯეჰიონი არაა ყველაზე მეგობრული პოეტი. თუმცა უცნაურია, როდესაც ის სიყვარულზე საუბრობს, სიჩქარე ნელდება და თითქმის სრულიად ჩერდება. სწორედ ეს გაჩერებული მომენტია პოეტის მიერ აღწერილი „დრო“. მაგალითად, „ცის/ვარსკვლავი“.

პოეტის ხედვა მრავალგანზომილებიანია. მინიმუმ ორმხრივია. გარედან შიგნით იყურება და შიგნიდან – გარეთ. გარე „მე“ შიდა „მეს“ აკვირდება. იმ ადგილას, სადაც შიდა და გარე სამყარო ერთმანეთს ხვდება, გამოსახულებები ნაწილებად იშლება და სხვა დროში, სხვა სივრცეში თავიდან იკრიბება. განმეორებული აღწერები დეკონსტრუქციული ხასიათისაა. „ცის სიმღერა ფრინველებისთვის“, „გზის პირას მოხეტიალე ფოთლები“, „ხე, რომელიც ფოთლებს ზემოდან უყურებს“. „ქუჩა წვიმის სამოსში“ „ქოლგა შუქნიშანს ელოდება“. „გუშინ ნეტა ქარი დაუბერავს“? რას ნიშნავს. პოეტის თვალსაწიერიდან, სადაც წარსული და მომავალი ერთმანეთშია გადახლართული, ჩნდება ასოციაცია პაბლო პიკასოს კუბიზმთან. და პოეტი უდარდელად ამბობს: „ღრუბლებს ზემოთ/ მთები/ ჩაივლიან“.

პოეტის აღწერები ძალიან ესთეტიკურია. ვნახოთ „ჩამოცვენილი/ ფოთლების/ გამოსაშვები ცერემონია". პოეტი ადარებს გამოსაშვებ საღამოს დასასრულს, თუმცა, როგორც ზემოთ აღინიშნა, „ხე, რომელიც ფოთლებს ზემოდან უყურებს", მის გონებაში ახალ დასაწყისს გულისხმობს.

მისი აღწერის მწვერვალია: „ზაფხულის არდადეგებივით შენი ბავშვური თვალები". ვცდილობ ვიგრძნო ვისთვის იყო ეს მზერა. მხოლოდ ვცდილობ. თუ ჩემი შეგრძნება სწორია, მაშინ პოეტმა წარმატებას მიაღწია, რადგან 100%-ით ვეთანხმები.

„თბილი-მოწითალო", „ტალღა-ქვიშად"... ჩემთვის, როგორც მკითხველისთვის, პოეტის აღწერები იმდენად რეალურია, რომ ყველაფერი სხვა ქრება და მხოლოდ ისინი რჩება. შესაძლოა, პოეტს ეს არ ჰქონდა განზრახული, მაგრამ სწორედ ესაა პრობლემა. ზედმეტად მკაფიო აღწერა ზოგჯერ არსს ფარავს.

პოეტი დაუსრულებლად, მართლაც დაუსრულებლად აკვირდება:

„დროს გაყოლილი აზრები / უკან არ იხედებიან",

„ახლა ის ტალღა, / იმ ფიქრით რომ ის ტალღა აღარ არის / ზღვასთან მისვლისას ზღვა იქ არ მხვდება". ეს ხომ განუწყვეტელი დაკვირვების შედეგია.

ის ამბობს:
„ჩემში არსებული / ცა მე ვარ",
„მე – როგორც ის / ის – როგორც მე",
„ჩემი არსებული სამყარო",
„ჩემს გარეთ / ხილულ სამყაროს უყურებს
და ბოლოს:
„თავიდანვე / მე / არც" არასდროს ვარსებობდიო

შემდეგ ის ამბობს:
„მე / მივდივარ ადგილზე, რომელიც მე არ ვარ", მიდის და ამავდროულად ამბობს
„ჩემთვისაც მძიმე ვარ".
მაგრამ საბოლოოდ წერს:
„ცხოვრება ყოველთვის/ წარმოსახვაზე უფრო ლამაზია".

ასევე საინტერესოა მისი რიცხვებით გამოხატული კოდები:

„1036 ყვავილი“, „33 დაკაკუნება“, „საათის 25-ე დარეკვა“, „სამჯერ შეჩერება“, „თერთმეტი ყვავილი“, „613-ე მწვანე ვარსკვლავი“, „ოცდაერთი ზაფხულის ყვავილი“...

ამ კოდების ამოხსნა შეუძლებელია. იქნებ, ზაფხულის არდადეგებივით ამ „ბავშვური თვალების“ მფლობელმა იცის პასუხი? იქნებ, პოეტი კულისებიდან ჩუმად აკვირდება მკითხველების რეაქციას?

აქ ერთ ჩემს ძველ ლექსს ჩავსვამ:

„პოეზია,
ერთიანად აღქმული პეიზაჟი,
გაუმხელელი შინაარსი,
დაუსრულებელი კოდები,
ქარში მოფრიალე სარეცხივით“

ბოლოს, როდესაც პოეტის კრებულს ვხურავ, ყველაფერი თითქოს ფილმის დასასრულივითაა,
და ეკრანზე საბოლოო ტიტრები ჩნდება.

„ძვირფასი

ჩემი

ქართველი შვილი

ცის

ვარსკვლავი

მაშო ხელაშვილი"

섬세한 시선이 빚은 따뜻한 세계

루수단 아브라미제(조지아 국어 교사)

섬세하고 아름다운 세계를 만났다. 다양한 감각이 읽는 이의 마음을 따뜻하게 감싸고, 시적인 이미지들은 깊은 감동을 남긴다.

시인의 시선은 일상의 평범함 속에서 비범함을 건져 올린다. 50미터 높이, 유리벽 너머로 보이는 사람들과 사물들. 그러나 그들은 나를 볼 수 없다. 저물녘, 가까이에서 날아가는 새들과 구름, 흰 비행기를 보는 시인의 마음속에 문득 이런 질문이 떠오른다. "저들은 나를 보고 있지 않을까? 15층에서 바라보는 나를."

시인이 그리는 세계는 시간마저 종종 바람이 되는 곳이다. "우주는/ 비어 있고// 사물은/ 구름 되어// 나는 춤을 춘다". 손가락 사이로 미끄러지는 모래알의 감각은 부드럽고 생생하며, 오래된 기억이 자리했던 곳에는 "연분홍 꽃편지가" 피어난다. "거리가 비옷을 입고" "우산이 신호등을 기다"릴 때 가을은 더없이 고요하게 찾아든다. 시인은 "하얀 마음에/ 편지를" 써서는 "곱게 접어서/ 그리움에 넣어" 간직한다. 바다로 향했을 때 바다는 그곳에 없고, 나는 "파도에 지워진/ 발자국 같은 기억들" 속으로 천천히 가라앉는다. 시인은 또한 아들을 향해 이렇게 기원한다. "바라보렴/ 크게 호흡하렴/ 세상이 얼마나 큰 무대인지/ 그 무한의 공간에서 춤출 때/ 삶이 얼마나 설레고 아름다운지". 아버지의 소망이 이처럼 시적 색채를 띨 수 있다는 것이 놀랍기만 하다. 《나의 조지아 딸》은 당신을 따뜻하게 하는 시집이다!

ნაზი მზერით შექმნილი, თბილი სამყარო

რუსუდან აბრამიძე(ფილოლოგი)

ეს არის უჩვეულოდ ფაქიზი და ლამაზი სამყარო....

ათასგვარი შეგრძნება ათბობს მკითხველს...უჩვეულოდ ფაქიზი პოეტური სახეები საოცარ განცდას ტოვებს...

უჩეულოდ დანახული ჩვეულებრიობა...როცა 50 მეტრის სიმაღლიდან, შუშის კედლებიდან დაჰყურებ ადამიანებს, საგნებს...ისინი ვერ გხედავენ...ჩამავალი მზის ყურება, ჩიტებისა და ღრუბლების სიახლოვეს ერთი კითხვა რომ გრჩება-ნეტავ ისინი მაინც თუ გხედავენ მე-15 სართულიდან მზირალს?!

ამ სამყაროში ყოფა ქარადაც იქცევა ხოლმე...სამყარო ცარიელია , საგნები ღრუბლებად იქცევიან და შენ კი ცეკვავ...

უჩვეულოა თითებს შორის მოსრიალე ქვიშის მარცვლების ნაზი და ცოცხალი შეგრძნება...

შეხორცებული მოგონებების ადგილზე ღია ვარდისფერი ყვავილი წერილი აყვავდა...

როცა ქუჩას წვიმის სამოსი აცვია და ქოლგა შუქნიშანს ელოდება-ნაზი შემოდგომა დგება...

უჩვეულოა შეგრძნება წამის, როცა თეთრ გულზე დაწერილ წერილს ნაზად კეცავ და მონატრებაში ინახავ...

ზღვასთან მიდიხარ და ზღვა არ გხვდება-ტალღებით წაშლილ მოგონებებში იძირები...

როცა შვილს უსურვებ-იგრძენი სამყარო შენში, მოძებნე ცხოვრების მიღმა არსებული უსასრულო სივრცე...ამ სურვილსაც საოცარ პოეტურ ფერებში ახვევ...

ქს არის პოეზია, რომელიც გათბობს!!!

진동하듯 읽다

나나 구르게니제(조지아 변호사)

나는 이 시집을 이렇게 부르고 싶다. '평범한 사람이 인식한 저 너머의 세계.' 사물과 자연, 감정과 인상, 우주와 세계가 서로 맞닿고, 뒤섞이지 않으면서도 하나로 이어지고, 분리될 수 없으면서도 미묘하게 떨어지는… 그 섬세한 접점을 시인은 포착한다.

시인이 던지는 질문은 일상 속에서 잊고 있던 '나'를 일깨운다. 그 '나'는 반복되는 하루하루 속에서 흐려진 존재인 동시에 작은 인식을 통해 깨어날 수 있는 내면의 본질이다. 그것을 일깨우는 시인의 시선은 섬세하고 단순하며 공기처럼 가볍다. 마치 무심코 지나쳐온 작은 입자들을 찬찬히 들여다보며 그 의미를 되새기는 듯하다.

이 시집은 철학적 탐구나 복잡한 개념을 내세우지 않는다. 그저 단순함과 소박함 속에서 아름다움을 발견할 뿐이다. 그것은 복잡한 이론이 아니라, 감각과 감정으로 체험하는 예술이다. 시인은 눈에 보이는 세계를 어렵게 설명하지 않는다. 대신, 감각의 깊이를 통해 자신이 느끼고 경험한 바를 진동하듯 전한다. 그리하여 독자는 존재의 무게에 짓눌린 안개 속에서, 마치 꿈에서 빠져나오듯 깨어난다.

시인의 문장은 사물과 인물에 생명을 불어넣는다. 읽는 이를 상상의 계단으로 이끌고, 눈앞에 선명하게 펼쳐 보인다. 어느 순간, 독자는 독자로 머물지 않고 이 이야기의 영상화된 주인공이 된다. 내게 《나의 조지아 딸》은 삶을 깨우고 존재를 느끼게 하는 문학적 경험이었다.

ვიბრაციით კითხვა

ნანა გურგენიძე(იურისტი)

მე ასე დავარქმევდი ამ კრებულს - უბრალო ადამიანის მიღმისეული ხედვები... საგნების, ბუნების, გრძნობების, შთაბეჭდილებების, კოსმოსის, სამყაროს და ამ ყოველივეს ერთმანეთთან შეხების, შეურევლად შეერთების, განუყოფლად დაცილების და ურთიერთობების ფაქიზი შეხება...

მოკლე პასაჟების კითხვისას, ავტორი გვაფიქრებს და გვაჩვენებს ყოველდღიური რუტინისგან დაბინდულ, დავიწყებულ ჩვენს მეს, რომლის გამოღვიძებასაც ახდენს ფრთხილად, სადა, ჰაეროვანი, მარტივი, ჩვენგან მივიწყებული ნაწილაკების შემჩნევისა და მათზე ჩვენი ცნობიერების გამახვილების თავმდაბალი მცდელობით.

სიმარტივეში და სისადავეში დანახული ფასდაუდებელი სილამაზე, რომელსაც არ სჭირდება ფილოსოფიური ძიება და რთული შინაარსითა და ტერმინოლოგიით შემკობა..... თავისი აღქმით, ენითა და გამოხატვის ფორმით, მთხრობელი გვანახებს ყოველწამიერი მყოფობის, შეგრძნების, გააზრეების, დაფასებისა და მადლიერების ხელოვნებას. არ ართულებს რა ხილულ მატერიას, ვიბრაციულ დონეზე გვიზიარებს თავისი შეგრძნებების და შთაბეჭდილებების სიღრმეებს, თითქოს გვაფხიზლებს და გამოვყავვართ ყოფიერებით დატვირთული მეს არსებობის ნისლიდან. თავად თხრობის მანერა მკითხველს აძლევს საშუალებას გააცოცხლოს ნაწარმოებში წარმოდგენილი საგნები და პერსონაჟები, გაყავს აუდიტორია წარმოსახვით საფეხურზე და ახდენს მისი მონათხრობის სუბიექტურ, თუმცა საოცრად შთამბეჭდავ ეკრანიზაციას.

나의 조지아 딸

1쇄 찍은날 2025년 3월 20일
1쇄 펴낸날 2025년 4월 7일

글	양재현
사진, 번역	마쇼 켈라슈빌리
디렉터	이승희
디자인	즐거운생활

펴낸곳	버터북스
출판등록	제2020-000039호
이메일	butterbooks@naver.com
인스타그램	@butter__books
페이스북	butterNbooks
ISBN	979-11-91803-41-9 03810

책값은 뒤표지에 있습니다.

ⓒ 양재현, 마쇼 켈라슈빌리, 2025

이 책은 저작권법에 의해 보호를 받는 저작물이므로 무단 전재와 복제를 금합니다. 이 책 내용의 전부 또는 일부를 사용하려면 반드시 저작권자와 버터북스의 동의를 받아야 합니다.

버터북스는 '내 친구의 서재'의 임프린트입니다.

잘못된 책은 구입하신 서점에서 바꾸어드립니다.